JEAN-MARIE GOURIO

Jean-Marie Gourio s'est illustré dans tous les domaines de l'humour inconoclaste : ancien rédacteur en chef de *Charlie Hebdo*, collaborateur sur l'émission de télévision *Palace*, rédacteur pour les *Guignols de l'Info*, il est l'auteur de la série de best-sellers *Brèves de comptoir*, commencée en 1985 – adaptée au théâtre par Jean-Michel Ribes en 1994. Il a également publié des romans, graves ou légers, comme *Autopsie d'un nain* (1987), *Les coccinelles de l'Etna* (1993), *Chut!* (1998), *L'eau des fleurs* (1999), *Apnée* (2005) ou *Alice dans les livres* (2006).

BRÈVES DE COMPTOIR
L'anniversaire

DU MÊME AUTEUR
CHEZ POCKET

APNÉE

JEAN-MARIE GOURIO

BRÈVES DE COMPTOIR

L'anniversaire

ROBERT LAFFONT

Le papier de cet ouvrage est composé de fibres naturelles, renouvelables, recyclables et fabriquées à partir de bois provenant de forêts plantées et cultivées durablement pour la fabrication du papier.

ISBN : 978-2-266-18285-0

LES VINGT ANS !

En 1987, je publiais le premier recueil de *Brèves de comptoir*... il y a vingt ans...

Ces petites phrases entendues aux comptoirs des cafés, cette petite musique si particulière des gens accoudés, ces avis sur le monde, sur tout, sur rien, sur la vie, je saisissais ces petites phrases comme une nouvelle fréquence de la parole, une onde chaude, amusante, véhémente, poétique, absurde, dont je tombais follement amoureux ! Je passais des années à les glaner, en sécurité dans les bars enfumés, dans les odeurs de café et d'alcool, dans les odeurs des gens, dans la bousculade, dans l'immobilité magnifique des après-midi vaseux, bien planqué dans les recoins des grandes villes, et paumé aussi, sur les places vides des petits villages plantés au milieu des champs... vingt ans !

... au Café de la place, au Marigny, au Balto...

Tic... tac... vingt ans... Eux, les parleurs, et moi, silencieux, nous tous accoudés, l'épaule contre l'épaule, verre à la main et nos cœurs contre les mots... tic... tac... patron ! le dernier pour la route !... tic... ça fait vingt ans !

... à la Régence, aux Trois Frères, aux Pêcheurs...

Eux qui parlaient pour dire qu'ils étaient vivants, je les écoutais, avec ferveur, pour mettre dans des livres ce qu'ils disaient, secrètement, par-devers eux qui semblaient d'ailleurs vouloir ne rien garder... Alors je gardais pour plus tard ce qu'ils laissaient quotidiennement tomber dans la poussière. Ces mots tombés, coupés, j'en ai fait des bouquets. Une somme. Une littérature drôle et poétique. Une fumée de langage, quand la langue sous les alcools s'est enflammée. Pour en remplir des livres, d'abord, avant tout, surtout les livres, toujours les livres, increvables bouquins, magnifiques copains de l'esprit, toujours là, vivants, dispos, à portée de main, cafés de papier qui eux ne ferment jamais ! Pour en faire aussi du théâtre. Et retrouver sur scène ceux qui déjà faisaient du théâtre au bar, les revoir, en chair, en mots, réincarnés, redessinés, vus, compris, aimés, applaudis plusieurs années durant par un public immense, que leurs Brèves anonymes, redevenues brillantes dans les lumières de la scène, venaient de faire chavirer.

... Chez Monique, au Clovis, Chez Puce, aux Remparts...

Il y a vingt ans, tic... tac... 1987... tic... tac... j'entendais la première Brève. Amour de petite phrase. Amour de petit bonhomme un peu saoul qui l'avait inventée. Il y en aura des milliers, de phrases, de bonshommes, et de dames debout devant leur petit verre scintillant, elles aussi langues buissonnières ! Brèves d'après marché. Brèves d'avant travail. Brèves des jours de chômage. Milliers de mots entendus, jour après jour, mois après mois, année après année ! Je les notais. Tic... tac... Pour les restituer sous une forme graphique qui les représentait comme incluses dans le brouhaha des comptoirs. Remettez nous ça !

1987... 2007... Tic... tac..

... au Café Pistache, à l'Horloge, Chez Fred, au Café des sports...

J'ai voulu, pour l'anniversaire de leurs vingt ans, extraire de ces milliers de Brèves les phrases les plus étonnantes, les plus poétiques, les plus idiotes, les plus folles, la crème des Brèves ! en quelque sorte, la crème des comptoirs ! et les redonner à lire sous la forme classique d'aphorismes. Petites Brèves de bar devenues grandes phrases d'auteurs anonymes ! Je les voulais, pour ces vingt ans, rééclairées, réexposées, concomitantes aux mots de Jarry, Queneau, Alphonse Allais, Topor, Tristan Bernard, Sternberg, Bernard Shaw, dans leur forme et dans leur esprit, sœurettes des mots de ces magnifiques auteurs, Courteline aussi, et Capus ! qui n'étaient pas les derniers à fréquenter les bars, je crois, grands beaux écrivains pris de vertiges qui aimaient écouter tous ces gens accoudés, pour surprendre le moment où, entre deux verres promptement vidés, par miracle, les buveurs accoudés se mettaient à postillonner des fleurs !

... au Comptoir des amis, au Sancerre, au Coup de bambou, à l'Astragale, au Verdun, à l'Avalanche, Chez Mistigri, Chez Momo, à l'Abreuvoir, Chez Fernand, à la Source...

Jean-Marie Gourio

Café de la poste

Au café, on a un peu l'impression d'être entre nous... entre gars qui vont au bistrot.

L'Européen

Ils ont tous la même tête ceux qui sont rouges.

Le Sans-souci

Les cafés sont tellement chers qu'avant de prendre une cuite, faut demander un devis !

La Résidence

Quand ta vue baisse,
la nuit tombe plus tôt.

Chez Julien

Quand le bâtiment va, tout va ?...
Moi, mon frère,
il est tombé d'un échafaudage...

Au Terminus

Un jour, on sera plus des hommes
mais seulement des numéros,
comme les coureurs cyclistes.

Le Progrès

Tu peux pas être fromager
si t'es pas carré.

Le Diplomate

À force de freiner sur l'alcool, tout
ce que tu vas gagner, c'est que tu
vas te bousiller les freins.

Le Métro

Même si tu tues la connerie dans l'œuf, il te reste les coquilles dont tu ne sais pas quoi foutre.

Café Cassette

Je suis pas tellement aventurier dans l'âme, j'ai une âme à chapeau.

L'Aurore

Un milliard
pour un tableau de peinture,
ça me dépasse, un tube de gouache,
c'est dix francs !

Le Va-et-vient

C'est pas avec des belles idées
qu'on peut combattre l'islam,
c'est avec des bons vins.

L'Autobus

Un musée d'Art moderne, c'est complètement idiot, un musée, c'est fait pour les vieux trucs.

Au Petit Creux

Comment t'expliques la faim dans le monde, il est même pas midi ?

Les Cascades

Il y a certains décors de théâtre qui pourraient très bien servir pour des sans-abri...

Le Soleil

En Afrique, un vieillard qui meurt, c'est une bibliothèque qui brûle... Ici, c'est un café qui ferme !

L'Académie

On ne peut pas manger un camembert comme on mange une Vache qui rit, on ne peut pas.

L'Eurasie

Quand toute la forêt amazonienne
sera détruite, on respirera quoi ?
L'oxygène qui sort des poireaux ?

Café Dupont

La fibre musculaire,
c'est ce qui se met entre les dents.

Le Forum

Faut pas arroser les plantes grasses,
ça les fait maigrir.

Les Vignes

Le langage,
c'est ce qui différencie l'homme
de la bête, plus tu dis des conneries
et moins tu ressembles
à un bigorneau !

La Liberté

Pas pouvoir manger des cacahouètes, c'est handicapant.

Le Français

C'est difficile de vivre au quotidien.

Café du marché

Rien ne vaut l'amour d'une mère qui t'aime, même si elle te tape toute la journée.

Les Faussaires

Gandhi est le seul végétarien qui sur terre a mangé le plus de vache enragée !

Le Cadran

J'aime pas les menteurs, et en plus c'est vrai.

L'Équipage

Un jour, faudra renvoyer des missionnaires en banlieue.

Café du commerce

Le vertige commence au-dessus de la chaussette.

Le Pont-Neuf

Une belle truffe, tu la poses sur un éléphant, tout l'éléphant prend un goût de truffe !

Le Fleurus

Des cons t'en as partout ! Chez les Noirs, chez les Blancs et chez les Noirs !

Café des anges

Je respire une fois sur deux, j'ai fait du sport.

L'Univers

Si tu veux apprendre le chinois par correspondance, je te raconte pas les sous qui passent dans les timbres !

L'Atlantic

T'aurais beau pleurer, pleurer, pleurer toutes les larmes de ton corps, ça t'empêchera pas de pisser.

L'Égyptien

Un domaine où on a fait des progrès, c'est les trains régionaux.

Le Louvre

Si l'ADN marchait vraiment, on se tromperait pas dans les champignons.

Stop Bar

C'est en forgeant qu'on devient chômeur, des forges, t'en as plus.

L'Opéra

Une femme qui tricote,
c'est très beau.

Le Zig Zag

L'eau est transparente pour qu'on
voie bien en quoi c'est fait.

Au Père tranquille

Un ordinateur fait au bas mot
un million d'opérations à la seconde,
mais il a que ça à faire aussi.

Les Ferrailleurs

Les petits ruisseaux font les grandes
rivières, alors un petit ballon...

Bar des théâtres

Le président pour qui je voterai
est pas encore né !

Les Variétés

Les cascadeurs ont droit à un litre de vin par repas, vu que leur travail, c'est les accidents.

Au Tonneau

J'aime pas l'eau...
je suis pas sourcier...

Le Balcon

Dans la merde où il était Mozart, il aurait joué au Loto.

Bar Antoine

On a toujours rangé nos photos dans une boîte à biscuits, ça fait des souvenirs qui sentent le biscuit.

La Piscine

Ça nous fait une belle jambe, des nouvelles planètes !

L'Aubrac

La circulation du sang,
c'est le système du radiateur.

Café moderne

Ils sont tous au Ricard
dans son bar à vins...

Le Ménilmontant

Tu me feras pas visiter
le château de Versailles. Après tout,
c'est comme si on visitait chez des
gens qu'on connaît pas.

L'Atome

Chez Tolstoï j'aime pas la fin,
neuf fois sur dix.

Byzance

Dans cinq milliards d'années,
on en aura encore moins à foutre
de l'homme préhistorique,
ça sera trop loin.

Le Baromètre

Quand tu joues de la batterie,
c'est au sous-sol, et le piano,
c'est au rez-de-chaussée.

La Taverne

Il n'y a que les mort-nés
qui revoient toute leur vie
en une seconde, pas vrai ?

L'Angle

D'un côté c'est une collection
de timbres, et de l'autre côté
des timbres c'est une collection
de salives !

Le P'tit Bougnat

Si la Chine voulait devenir française, on ferait quoi ?

Le Tambour

Vu le nombre de religions qui existent, un seul pape, c'est plutôt pas beaucoup.

Royal Bar

À la pêche tu ramènes du poisson, dans les bois tu ramènes des champignons, à la chasse tu ramènes du gibier, ça n'a pas évolué finalement.

Au Rond-Point

Je connais aucun gosse qui a une jolie maman.

Le Relais

La fin du monde, c'est mieux à la campagne, tu te fais pas piétiner.

Pause-café

C'est bien un vaporisateur à camembert pour faire sentir bon dans la fromagerie.

Le Turquoise

La pensée humaine a des limites, bien sûr !

Tic-Tac Bar

Si t'es con de naissance, ça veut dire que t'étais déjà con dans le ventre.

Les Templiers

Les Gaulois, personne les a jamais vus, il n'y a que Jules César qui les a vus.

Le Village

Les jeux de hasard, c'est pas vraiment le hasard, c'est plutôt la chance qui fait gagner.

Au Vieux Bistrot

Tu peux pas trouver deux personnes qui ont exactement le même humour, sauf si tu dis un truc très très rigolo, ça va pour les deux.

Le Victoria

Un bonhomme qui meurt écrasé par un éléphant peut pas monter au ciel.

L'Armorique

La sève du caoutchouc sert à faire des pneus, pas les feuilles, avec les feuilles tu peux même pas rouler un mètre.

Au Chat noir

C'est pas en poignardant son institutrice qu'on obtient des bonnes notes !

L'Atlas

Ceux qui s'ennuient pas, ils se font chier.

Au Bon Coin

J'aimerais pas faire le tour du monde... quand t'as fait ça, tu sais plus où aller en vacances.

Les Ambassades

Un concert en direct, c'est pareil qu'un disque en direct, en fait.

À l'Étoile

Rien ne ressemble plus à du Mozart que du Ravel, quand t'y connais zéro.

Le Cabanon

**Je suis vaseux...
j'ai bu trop de vase.**

L'Attirail

**J'aime bien la musique classique,
mais pas en mangeant.**

Au Bon Accueil

**Le défaut, c'est que la musique
classique ça bougera plus jamais,
c'est moulé dans le moule.**

Au Pied de la vigne

**Dans la coiffure,
il faut être psychologue.**

Au Rendez-vous des Bretons

**Le bouddhisme, t'es habillé
en crevette, et après ?**

Aux Bons Amis

Avant de faire un gosse pour de vrai, il faudrait faire un bébé pilote.

La Fontaine

On a pas le droit de se faire tatouer une plaque d'immatriculation !

L'Entracte

Le monde est tellement con, on dirait que c'est moi qui fais tout.

L'Éclaireur

Ce qui est bien dans les bistrots, c'est les habitués qui ont pas trop de mauvaises habitudes.

Le Sans Nom

C'est quand même pas un chômeur qui va m'apprendre mon boulot !

L'Ébahi

Même si ils voulaient, ils pourraient pas mettre de doseurs à apéritif dans les fusées, ça descendrait pas dans les verres sans l'attraction de la Terre... c'est la Terre qui fait descendre l'apéro.

La Source

D'un côté, t'as la littérature, de l'autre, t'as le charabia, c'est tout !

Les Noctambules

Quand tu nais dans un œuf, t'as pas de nombril, t'as un croupion.

L'Edelweiss

Un piercing dans le nez ! Comme si il était pas assez percé, le nez !

Aux Ardennes

C'est à l'armée qu'on fait le meilleur apprentissage du béret.

Les Sports

Les singes se branlent toute la journée, mais ils ne comprennent pas ce qu'ils font.

L'Avenir

Je me lève avec le soleil et je me couche comme le soleil, tout rouge.

La Baraka

La java, ça n'a pas de couleur, ni bleue, ni autre chose.

Le Voltaire

Tous les jours que Dieu fait, ça fait un jour de moins que Dieu a à faire.

Café Branly

Ça doit pas être bien reposant de louer au-dessus du mur des Lamentations.

Bar Romain

La langue française, c'est comme la langue anglaise, un bout de viande, c'est tout.

Le Bonaparte

La peinture, c'est rien qu'un truc qu'on fixe au mur avec un clou, Rembrandt est rien sans un clou.

Le Centre

Des fous, tu en as partout, dans tous les métiers, et peut-être encore mieux payés que nous !

La Roseraie

J'ai joué la date de naissance de ma femme, celle de sa mère et celle de ma fille, j'ai pas eu un seul numéro ! C'est vraiment une famille de cons !

La Tour

T'as pas le droit de te faire justice toi-même, sauf si t'es juge.

Les Cascades

On doit pouvoir faire du fromage avec du lait de femme, si la femme veut bien.

Le Baratin

Le mieux pour les gosses, c'est la campagne, ils peuvent aller dans les fermes regarder les animaux qu'on mange.

Le Duplex

À l'étranger, faut rien manger
si c'est pas lavé.

Les Peintres

Moi j'aurais pas la patience
de faire chronomètre.

Bistro du monde

C'est pas parce qu'on va mourir
un jour qu'il faut mourir avant.

Best of Café

Il veut tout le temps s'asseoir,
il a été élevé par une table basse.

Café Bazar

Pour rentrer dans l'âge adulte, ils
doivent chasser un lion, nous,
c'était le Martini et la moustache.

Le Bataclan

Les flamants roses ont des grosses couilles, mais dans les plumes, on les voit pas bien.

Le Flore

Les mandarins, c'est des Chinois qui fument de l'opium, ceux qui picolent c'est les mandarins curaçao.

Café de la musique

L'acrobatie à vélo, ça dépasse les limites de l'équilibre, quand c'est bien fait.

La Consigne

On se serre la main pour dire bonjour mais c'est complètement con, vu qu'on se serre la main pour dire au revoir.

Constellation

Le saumon fumé,
c'est bourré de nicotine.

Le Dido

Dans l'architecture moderne,
t'as qu'un truc à garder,
c'est la maison que l'architecte
il s'est fait construire avec l'argent.

L'Écrin

Quand tu meurs,
tu vois une immense lueur blanche,
et après, tu t'envoles comme une
mouche au plafond.

L'Éclipse

La panthère noire,
c'est l'animal le plus dangereux,
après la moule pourrie.

La Casserole

C'est pas en mettant plus de flics qu'on aura plus de sécurité, c'est en mettant moins de gangsters.

Café Bicyclette

Un mètre de boudin représente quatre parts, du moins en Occident.

La Bonne Franquette

La femelle de l'orang-outan ressemble pas du tout à une femme, alors que le mâle, il a une bite comme nous.

Le Jeu de paume

Le corps d'une femme est bien plus beau au cinéma qu'à la maison, en règle générale.

La Cigale

Le sein, c'est rien qu'une glande, mais la couille aussi.

La Fourmi

La papille gustative t'envoie directement la mayonnaise dans le cerveau.

L'Arc

Le big-bang, le toc toc, le vroum vroum, tout est con.

Chez Toto

L'univers en expansion, c'est pas ça qui agrandit l'appartement.

Le Cépage

J'arrive jamais à imaginer que tout le monde vieillit en même temps, j'ai l'impression d'être tout seul.

La Mascotte

Les Cambodgiens, c'est un peuple à sandalettes.

Au Chien qui fume

Moi, j'aurais pas confiance dans quelqu'un qui aime pas la neige.

L'Arlequin

L'Oriental, il se croit fin parce qu'il a été élevé dans les épices.

Au Bouquet

Je sais pas si l'appétit vient en mangeant, mais je sais que ça vient surtout en mangeant pas.

Au Dernier Métro

Moi, un rêve par nuit.

Au Corona

Je demande l'asile politique au Bar du Pont !

Les Arcades

Pour moi, un Suédois n'est pas un immigré.

L'Assemblée

Quand les dinosaures pondaient leurs œufs, peut-être qu'ils faisaient cot-cot.

Au Canon

Tchernobyl, c'est un mulot dans le tuyau qui a tout bouché.

Au Petit Café

Le diesel, c'est une philosophie de conduite.

Aux Négociants

Le ciel ne s'arrête jamais, et on s'en rend bien compte en avion.

La Coupe d'or

Bâbord, c'est la gauche
tribord, c'est la droite,
et jusqu'au bord, c'est du rosé.

L'Univers

Réfléchir à rien,
les vacances c'est fait pour ça,
un mois, c'est pas de trop.

L'Industrie

La glace est un peu plus froide au pôle Nord qu'au pôle Sud, au nord, c'est toujours plus froid.

La Grappe d'or

Le mollusque a pas d'os,
comme son nom l'indique.

La Chope

Proust est tombé dans le domaine public, maintenant, tout le monde a le droit d'écrire du Proust.

Café des arts

Le cerveau, c'est comme un foie plein de fils électriques.

L'Époque

Les aveugles lisent avec le bout des doigts, c'est les seuls qui pourront te dire ce que c'est comme lettre une crotte de nez.

Le Parvis

Je voudrais être comme Jacques Chirac, mais blond.

Le Triomphe

L'escargot promène sa maison sur son dos, comme un con.

L'Antenne

Déjà qu'on s'ennuie dans les petits villages, si en plus on peut rouler qu'à cinquante...

L'Éclipse

Pour un bon violon, sept mille francs, c'est pas de trop.

Le Cosmos

Avec tous ces morts sur les routes, si ça continue, moi je vais rouler sur les trottoirs !

Le Deauville

Même s'il est à trois francs, le dollar sera toujours plus fort que le franc, vu que le franc, c'est un franc.

La Divette

Les gens les plus intelligents que je connais, souvent, ils sont cons.

Viking Bar

Bordeaux, c'est grand, c'est pour ça que c'est sur la carte.

Les Chimères

Je ne mange jamais des fraises en hiver à cause de l'horloge biologique.

Les Voisins

Je suis né dans un chou, c'est pour ça que je bois de la bière !

La Rotonde

Je joue au tiercé pour que les chevaux puissent courir dehors, c'est plus pour eux que pour moi.

L'Oasis Bar

Marcel, c'est un prénom qui a toujours été français !

La Marine

La plus belle ruine de château, c'est le coucher de soleil.

Aux Provinces

Un verre en cristal est trop fragile pour qu'on puisse boire dedans peinardement.

Aux Aviateurs

Pour ceux qui aiment bien aller sous l'eau mais qui aiment pas l'eau, le mieux, c'est un sous-marin.

Le Cargo

On a guéri la peste et maintenant on a le cancer ! Moi je dis, on aurait pas guéri la peste, on aurait pas le cancer ! Qui c'est le con qui a guéri la peste ? !

Les Racines

Si les télépathes avaient des pouvoirs, ils auraient pas le téléphone !

Colombus Bar

Une plante carnivore peut pas être végétarienne, enfin, je crois.

La Comète

Sur le soleil, il fait jamais nuit.

Ici la pétanque

Neuf cents milliards de milliards de millions de kilomètres, c'est impossible à imaginer, pourtant, ça fait du chemin.

La Poudrière

Les virages, ça sert qu'à ceux qui tournent.

Babylone

Le matin, il part au tabac, et après, c'est l'Odyssée...

L'Absinthe

Pour être alpiniste, t'es pas obligé d'être très grand, mais si t'es très grand, t'arrives plus vite.

Le Brise-miche

La chirurgie esthétique transforme les gens très laids en gens très beaux pleins de cicatrices.

Zoo Bar

Les Noirs, je m'en fous de la couleur, c'est la forme que j'aime pas.

La Terrasse

Avec le train, au moins, on arrive à l'heure, disons cinq heures, pour donner un exemple.

Au Réveil samaritain

Je sais pas ce que j'ai mangé, mais j'en mangerai plus.

Au Sauvignon

Y'a mieux à faire, dans la vie, que neiger.

Café des vents

C'est pas parce qu'on mange pas du cochon qu'il faut mettre des bombes !

Crystal Bar

Avec l'écran plat, le chat peut plus dormir sur la télé.

Le Pierrot

C'est pas la peine d'être la femme la plus grosse du monde si c'est pour être tout le temps au régime...

L'Étincelle

Mon signe, c'est Verseau, c'est mieux que le tien qui est renverse.

L'Évasion

Dans l'enfer, tu brûles pendant l'éternité, alors qu'au paradis, tu fais doux à perpète.

Le Boyard

Pour pas se perdre dans Melun, c'est un casse-tête chinois.

Le Bergerac

Je préfère encore mourir d'un accident de voiture que d'un accident d'avion, l'avion, ça fait trop peur.

Le Select

Au théâtre aussi, un jour, t'en auras du pop-corn à manger.

L'Est

Jamais de taupes avec la terre battue !

Le Taste-vin

J'ai la lune à côté de chez moi,
des fois je la regarde.

Le Mécano

Aucune idéologie, quelle qu'elle soit,
ne mérite qu'on comprenne tout !

Rex Bar

La bite c'est possible, mais tu peux
pas frimer avec les couilles.

La Rose

Il y a un seul homme qui est l'homme
le plus riche du monde, mais est-ce
qu'il y a un seul homme qui est
l'homme le plus pauvre ?

Le Saint-Fiacre

Même le jour de ma mort, je croirai
pas en Dieu... j'attendrai le
lendemain, pour être sûr.

Le Viaduc

Aux drogués, on leur demande pas combien ils ont de grammes d'alcool dans le sang, alors pourquoi toujours à nous ?

L'Annexe

Le capitaine doit quitter son bateau en dernier pour être payé jusqu'au bout.

Le Limé

C'est de l'eau gazéifiée par son propre gaz, comme nous quand on se répète.

La Mairie

La pensée, c'est du sable, soit tu fais des pâtés, soit tu fais des châteaux.

L'Arrivée

La vraie pêche,
c'est la pêche à la mouche,
mais si tu manges ton poisson
faut savoir que c'est un poisson
qui mange des mouches.

Au Rendez-vous des artistes

Un produit qui nettoie tout du sol
au plafond, ça peut plaire
qu'à des gens qui sont dégueulasses
du sol au plafond.

Le Cabriolet

J'en ai pas besoin des générations
futures, moi !

La Terrasse

J'ai un chat dans la gorge,
mais il aura pas de lait.

Shannon Bar

C'est quand même l'homme qui a amené la nature sur la terre !

Le Square

La francophonie, déjà, qu'on la parle chez nous !

Soprano

Moi, si je vais sur Pluton, c'est pas pour rentrer le lendemain.

La Pyramide

Brigitte Bardot, elle avait une belle plastique cette fille-là, mais maintenant, c'est du cuir.

Les Princes

Le cerveau sert à réfléchir alors que la cervelle se mange, c'est une grosse différence, tu ne crois pas ?

L'Express

Michel-Ange, il a dû les faire chier ses voisins ! Et bang ! Et bing ! Et allez le marteau !

Café des banques

Beaucoup d'écrivains écrivent comme ils parlent et j'aime pas beaucoup, je préfère qu'ils écrivent comme on écrit, un bouquin c'est pas la radio !

La Chope

Les os sont utiles pour les éléphants par exemple, mais les moineaux pourraient très bien s'en passer.

Le Bonbon

Les zones érogènes, faut pas marcher dessus en se levant, ça fait plus mal.

L'Hirondelle

L'apéricube est une invention
à part entière.

Celtic Bar

On voit jamais de vieilles naines,
peut-être qu'avec l'âge
elles grandissent.

Le Chaudron

On devrait mourir une heure par jour
plutôt que tout à la fin.

Clown Bar

La terre tourne autour de la nuit,
quand elle passe devant, tout le
monde va se coucher.

Le Canal

Mon père est mort
quand j'avais deux ans,
il a pas dû me taper beaucoup.

Les Courses

Le matin je me lave les dents du haut, et le soir les dents du bas, j'aime pas le goût du dentifrice.

L'Artois

Pour gagner sa vie à la télé, faut pas se moucher quand c'est commencé.

Au Gamin

S'ils vendent les petits-suisses par six, c'est pour que les gens fassent des gosses.

La Locomotive

Ça fait des années que j'ai plus qu'une casserole, et ça se passe très bien !

La Bretagne

C'est vraiment con le mariage, surtout si elle est moche !

La Cloche

Un Parisien à la campagne
reste avant tout un Parisien,
même si il tond la pelouse
et qu'il parle à un paysan.

L'Aiglon

Mon rêve, c'est d'avoir une caravane, tu es ton maître, tu peux aller dans le camping que tu veux.

Le Bonheur

Il vit sa vie comme une minuterie
de chiottes, toutes les cinq minutes
il faut réappuyer dessus
quand ça s'éteint.

Le Bolivar

Quand tous les clients ont le cafard, le café, on dirait un vide-ordures.

La Mer à boire

Certains animaux voient tout en noir et blanc, comme nous sur les anciennes télés.

La Cagnotte

C'est comment une huître handicapée ?

L'Arrosoir

Avec le nerf optique, on voit ; l'œil, c'est juste pour regarder.

Star Café

Le fanatisme, c'est un microbe que t'as dans le couscous.

Le Dôme

« Chômage technique partiel », c'est aussi beau qu'un diplôme !

Tagada Bar

Les Gitans frottent le violon avec de l'ail pour que personne le vole.

Le Week-end

Le peintre, il veut peindre la beauté, et après il picole.

Le Financier

Les charcutières, t'as toutes les formes, c'est comme les charcuteries.

Le Tourne-bride

Moi je pourrais pas être anglais.

Les Trois Fontaines

Quand on vivra dans l'espace, on pourra jeter les poubelles par la fenêtre, comme au Moyen Âge.

La Renaissance

Le mieux c'est de garder ses vieilles lunettes, elles reviennent à la mode tous les quatre ans.

Le Téméraire

On voit quoi
avec des yeux verts ?

Le Cabriolet

Elle a eu un bébé normal,
sans rien arrêter,
ni l'alcool ni le tabac,
et c'est une expérience
à savoir.

La Banquise

Je préfère carrément
un Noir qu'un Hindou,
c'est plus net.

Café des camionneurs

0,5 gramme dans le sang,
c'est comme les 35 heures,
c'est une uniformisation
pour qu'on soit tous pareils.

La Liberté

Ils parlaient anglais dans le train,
alors qu'il n'y avait que moi...

Le Capitole

On fera pas de vieux os...
on fera même pas des os.

La Petite Porte

Plutôt que donner un rein,
tu le loues.

Le Conti

En moto, on voit pas si t'es vieux,
à cause du casque.

Le Libre-échange

Même si c'est une femme, pour moi c'est LE facteur !

Le Malakoff

La connerie, c'est que la partie qui dépasse de l'iceberg, en dessous, on sait pas ce que tu penses.

Le Marivaux

Tu peux séparer les siamois mais attention, du coup t'as deux enfants !

Le Capucin

Le restaurant en haut de la tour Eiffel, tu te rends compte, si tu laisses tomber ton couteau !

Le Maubeuge

Les œufs durs, au comptoir, tu les paies trois francs cinquante, alors que même la poule elle touche rien ; on se demande où va l'argent ? !

Chez Prune

Otages ou pas otages,
ils auraient pu téléphoner !

La Cave

C'est moins grave de se taper son gosse que celui du voisin !

La Cervoise

On a supprimé la peine de mort et les gens continuent de mourir, qu'est-ce que tu veux y faire ! ?

Le Cantal

Les anges ont pas de sexe pour pas que ça pendouille quand ils s'envolent.

Century Bar

L'amnésie totale, tu te souviens même plus que tu es un homme, tu crois que tu es un canard.

Le Châlet

Jacques Anquetil est mort, et il a demandé à être incinéré avec son vélo.

Chez Maud

Le beaujolais nouveau est arrivé en camion, il va repartir à pied.

Le Chiquito

Les étoiles brillent toute la nuit, on voit bien que c'est pas elles qui payent la lumière.

La Civette

La lumière, c'est des photons, mais chez moi, c'est une lampe.

Les Cigognes

Mon mari, il m'aime que quand il est saoul.

Le Conquistador

Les jeux Olympiques des handicapés, si en plus t'arrives dernier...

Le Café noir

Je serai toujours plus copain avec un connard qu'avec une connasse.

L'Océanic

Le mieux, c'est les maladies et les attentats, comme ça les touristes restent en France.

Au Café parisien

Dans une fusée tu peux pas bander, vu que dans l'espace tu n'as ni haut ni bas.

Le Cézanne

La médecine ne fait pas de miracles, on a jamais vu un chirurgien faire apparaître la Sainte Vierge.

Le Carrefour

Les Gitans ont un code d'honneur, c'est la conduite qu'ils ont ratée.

Le Château d'eau

Il a des super pinards, il en boit jamais ! Ce mec-là, ça serait un oiseau, il volerait pas !

Le Cavalier bleu

C'est bien joli de vivre de plus en plus vieux, mais j'aimerais autant vivre de plus en plus jeune.

Chez Maud

L'anarchie, tu parles d'un intérêt, ils interdisent les lois, c'est tout.

Le Cheval blanc

Quand on est saoul, on se rappelle de rien, mais souvent, ça fait ça aussi quand on boit pas.

Chez Prune

J'avais des toutes petites mains quand j'étais petite, les gens qui me prenaient la main croyaient que j'en avais pas.

L'Écume

Le Proche-Orient, plus il est loin, mieux c'est.

La Favorite

Je grossis juste pour voir ce que les gens vont dire.

La Fourche

Ça sert à rien de faire du latin et du grec au lycée, les pays existent plus.

L'Endroit

Si on arrive à inventer le voyage dans le temps, t'auras des premières et des secondes classes.

L'Iris

Je sais ce que je pense, je suis mon espion intérieur.

La Javanaise

Si la maladie est cuite,
tu peux la manger.

La Pelouse

Le succès des motos,
c'est à cause des deux roues.

La Halte

Bernadette Chirac, elle est empaillée, comme dans *Psychose*.

Le Refuge

Le talon d'Achille d'Achille, c'est son talon.

Le Tambour

Sur un ring de boxe tu peux te cacher nulle part, c'est vicieux comme c'est construit.

La Colline

Au pôle Nord, la nuit dure six mois, t'as pas intérêt à rater le dernier métro.

La Montagne

Pas étonnant que la forêt brûle, tout est en bois !

Café Caravane

Au cinéma, ça sert à rien d'avoir vingt-quatre images seconde, on en voit qu'une.

La Carapace

Rien ne peut remplacer l'enfance, et surtout pas les gosses.

La Belote

Dans les mosquées il fait frais, c'est pour ça qu'ils y vont.

L'Impérial

« Lady », « gentleman », sur la porte des cabinets, c'est trop.

L'Iris

Le ski de descente, il faut un gros cul pour pousser.

Le Faubourg

New York est une ville trop dangereuse pour qu'on puisse organiser des dégustations gratuites de muscadet.

La Colombe

Les bossus ont qu'une bosse, c'est les chameaux qui en ont deux.

La Régence

On utilise que les deux tiers de notre cerveau, le reste, c'est la connerie.

La Gitane

Le problème avec Mozart, c'est que c'est de la musique, un footballeur aussi doué m'intéresse plus.

À la Girouette

Les nuages, ils passent, c'est ça, les passages nuageux.

La Pause

Ici, on est au rendez-vous des hommes qui penchent.

Sans Fatigue

Quand c'est nous qui avons la grippe humaine, on emmerde pas les canards avec !

L'Élixir

Les vieux arbres, ils ont pas besoin d'une chaise pour s'asseoir en dessous.

La Comédie

Un train qui roule à six cents à l'heure, si tu le rates, je vois pas le progrès.

La Maison

Si la terre est envahie par les Martiens, au début ça sera dur, mais après on aura les Martiens de la deuxième génération, les vert clair.

Au Clair de lune

L'amour, c'est des conneries pour que les gens s'aiment et s'achètent de la vaisselle.

Chez Nous

Les HLM, c'est moche, mais après tout, ça sert qu'à rentrer le soir.

La Régence

Si tu poses une très très bonne question, dans la question t'as la réponse.

La Fronde

On est des antennes de radio puisqu'on s'entend quand on parle.

La Croix du Sud

Je vois pas du tout à quoi ça sert, les ongles des pieds.

Le Capuchon

Pour imaginer l'infiniment petit, faut déjà pas être con, alors l'infiniment grand, j'en parle pas !

La Coupole

Est-ce qu'un aveugle en plein delirium, il voit des araignées ?

La Flamme

Un camion de trente tonnes lancé à cent à l'heure peut pas éviter un hérisson, c'est au hérisson de se pousser, c'est tout.

Le Pied sec

La mémoire, c'est bien, on se rappelle de tout.

La Corne d'or

L'eau bout à cent degrés, mais à cent un, elle débout pas.

La Comète

300 000 kilomètres seconde, c'est la vitesse de la lumière, et des fois, je mets une heure à trouver le bouton !

Le Pipeline

Les globules rouges transportent l'oxygène et les globules blancs défendent l'organisme.
Les globules rosés, je sais pas.

La Sirène

Je serais un vrai fumier si j'étais immortel, alors, c'est aussi bien comme ça.

L'Amiral

La télé, ils nous envoient du gaz par un petit trou pour nous forcer à regarder.

L'Armagnac

C'est la connerie
qui fait le plus réfléchir.

À la Tuile

Les putes font le plus vieux métier du monde, et surtout les vieilles putes.

La Tourelle

Les pianistes ont rarement de beaux pieds.

La Tonnelle

Mozart, il est mort dans la misère,
les mecs du rap,
ils sont moins cons.

L'Abbaye

Quand tu vois comme un chat il enterre sa crotte, on dirait Greenpeace !

Chez Papa

Avec la banquise qui fond, ça va leur faire des velux, aux crevettes.

À la Tartine

Si tu veux être célèbre et plaire aux gens, faut dire des banalités.

L'Alliance

Même les marronniers savent plus ce qu'ils font à l'école !

Le Lamartine

Il a pris deux coups de poing dans les yeux, ça lui fait deux vitraux.

Café Pirouette

Un chirurgien peut plus gagner sa vie rien qu'avec l'appendicite.

Le Neptune

Un chat noir au milieu d'un champ, c'est un corbeau.

L'Alouette

Je connais beaucoup plus de gens qui sont entrés dans un café que de gens qui ont marché sur la Lune, c'est pour ça que j'ai pas ouvert une fusée !

L'Anjou

Quand tu as une vie de con, faut surtout pas réfléchir, tu souffres plus.

L'Arsouille

Le jazz, c'est du Picasso qui réveille les voisins, j'aime pas.

Le Promeneur

Je ne comprends pas pourquoi dans les courses on met des jockeys sur les chevaux, ils tiennent debout tout seuls, c'est pas des vélos !

L'Aquitaine

Avec la télé on a plus le temps de se parler et c'est pas plus mal vu qu'on a rien à se dire...

Flash Bar

La photographie fixe l'instant présent pour en faire du passé, c'est malin !

Les Bleuets

Les droits de l'homme, c'est une invention des gens de la ville, pour la campagne c'est les lois de la nature.

Au Ramoneur

Un parfum, si ça pue, c'est raté.

L'Aveyronnais

Tous les Gaulois sont morts, et on sait même pas de quoi...

Le Bariolé

J'aime bien la télé,
mais juste pour regarder.

Le Cyrano

Pour moi, Dieu est français étant donné qu'il parle le français.

Le Beaujolais

Tarzan se ferait chier à la campagne, son truc à lui, c'est plutôt les bois.

Au Pot de fleurs

Violoniste, c'est bien, tu branles rien et t'as qu'un violon à porter.

Le Barnum

La justice est pas la même pour tous, si je tue un Noir, je vais en prison, si un Noir me tue, je vais au cimetière, à chaque fois c'est le Blanc qui trinque !

Le Baron

Il ne faut pas rire des nains, ça pourrait nous arriver.

La Surprise

Les femmes en général vivent plus vieilles que les hommes, mais quel intérêt franchement, toutes ces pauvres vieilles.

Le Baroudeur

Les aveugles ont des chiens qui ont dix à chaque œil, les chiens qui ont moins, on les donne aux myopes.

Le Balto

On s'en fout pas mal que le poulet soit élevé au grand air, de toute façon, on mange pas les poumons.

Le Balzac

À neuf ans Mozart composait des sonates, moi à neuf ans je tirais les sonnettes, on est peut-être de la famille, va savoir ?

Le Cyrano

La France, c'est une république bananière, mais avec des pommes.

Le Bastille

C'est pas la bagnole
qui réchauffe la planète,
quand on roule ça fait du vent !

Grenadine

Quand je mange, c'est pour boire.

Le Blanc cassis

La mer peut nous nourrir pendant des milliards d'années, mais attention, faut aimer le poisson.

Le Jean-Do

Rembrandt peignait avec les deux mains pour finir tôt.

Au Virage

Tout ce qu'on met en réserve finit par disparaître, les Indiens, les bonnes bouteilles...

Le Tas de sable

Des chercheurs ont trouvé des trucs archéologiques en Chine, va savoir comment c'est arrivé jusqu'à là-bas...

L'Arbucci

À l'époque préhistorique, chaque fois que la Sainte Vierge apparaissait dans la grotte de Lourdes, elle prenait un coup de massue.

Au Millimètre

Les flics c'est comme les escargots, c'est à la bavure qu'on voit qu'ils sont passés.

Le Passage

L'air qu'on respire, je vois pas pourquoi on le recrache, vu que cinq secondes après, on en respire.

L'Aller-Retour

Les cèpes, il faut les cueillir petits, si tu attends trop, on les a cueillis avant toi.

Le Bourgeon

Le bébé dans le ventre, c'est pas ce qu'il y a de plus pratique.

Le Bouchon

J'ai un chat qui ment tout le temps.

La Couenne

La meilleure publicité pour un journal, c'est d'avoir un journaliste qui est enlevé.

L'Entonnoir

Moi, je suis jamais né, je suis sorti.

Le Cheval noir

Le pire dans la conversation, c'est les idées reçues, on a l'impression de parler avec un robot.

Le Citadin

Mon grand-père allait au café, mon père allait au café, je vais au café, c'est la famille qui veut ça, on a le pinard dans le sang..

Le Ciné

Après tout, le café, c'est la vie,
c'est quand on a bu
qu'on fait les enfants.

Au Réveille-matin

Les seins en silicone,
tu mets des mèches au bout,
ça fait des bougies.

Le Peuple

J'ai qu'un œil qui voit, de toute façon, j'ai qu'un phare qui marche.

Les Ducs

J'ai commencé mon verre de blanc,
il faisait beau, quand j'ai fini,
il neigeait ; à la montagne,
ça change tout le temps.

Le Point carré

Le problème, si je vire tous les alcooliques, j'ai plus personne...

Les Funambules

Avec le cancer, on perd les cheveux, mais pas la moustache.

Les Dunes

Même les services secrets, ils les ont pas les numéros du Loto.

Le Voltigeur

Si l'an 2000 tombe un dimanche, on pourra rester au lit.

Au Père Poteau

Au piano, tu tapes ton boulot en fait.

Le Lutin

À la petite école, on écrivait tout au porte-plume, même les fautes, pour que ce soit beau.

Le Passé simple

Les fous paient pas d'impôts,
ils sont peut-être fous
mais ils sont pas cons.

Le Soleil d'or

On tue les animaux pour se nourrir mais, au fond, c'est des êtres humains comme nous.

Café du stade

J'aime pas beaucoup faire caca, mais on fait pas toujours ce qu'on veut.

Le Haricot rouge

C'est quand on mange du poisson qu'on rêve en couleurs, le vendredi soir.

Abracada Bar

On dira ce qu'on voudra, une femme à poil, c'est pas pareil...

Plein Soleil

Le Soleil et la Lune, oui, on voit, mais la Terre, elle est pas dans le ciel.

Le Saint-Malo

Les oiseaux volent pas quand ils pondent ; elle, elle est enceinte et elle travaille.

Le Financier

Les prémolaires, c'est fait pour manger l'après-midi.

Le Poisson bleu

Leur Beaubourg, j'en voudrais pas dans mon jardin !

Pourquoi pas

Avec ta tremblotte, c'est pas toi qui nous aurais ramené l'encre de Chine !

Le Quartier général

C'est la viande qui peut se réincarner, c'est de la carne, le poisson se refilète, tout au plus.

Le Rival

C'est les gens sales qui se parfument.

Sésame

Quand y'a un nerf dans ta viande, ça énerve, c'est bien la preuve.

Le Trianon

Dans une ruche,
c'est toujours bien rangé.

Pile ou face

Les obèses, ils sont habités par les animaux qu'ils ont mangés.

Zéro de conduite

Pour une cuite on dit pas overdose, on dit ivre mort, ça fait quand même moins peur.

Le Saxophone

Le verlan n'existe pas aux antipodes.

Le Love

Les Noirs ont les pellicules noires, bien sûr.

Le Continental

Les Portugais salent la morue, ce qui fait que nous, on doit la dessaler.

Hollywood Café

Les guitares électriques, si EDF fait grève par exemple, hein,
si EDF fait grève ?

La Gazoline

Les peintres qui cherchent des femmes pour poser nues,
une fois sur deux, c'est pour faire des photos à poil.

L'Amical

Tu sauves un nègre de la famine le samedi midi, le dimanche midi,
il a re-faim.

L'Aventure

Quand le têtard a les pattes qui lui poussent, ça doit lui faire un peu plus d'effet que nous les poils du cul !

Le Coyote

C'est au pied du mur qu'on voit le nez du maçon...

Le Baccara

La haute couture, c'est beau, d'accord, mais ça passe pas à la machine.

Au Bureau

Les grands de ce monde, ils ont beau être très très grands, ils dépasseront jamais de la télé.

Le Piranha

Le coq est plus beau que la poule, mais la poule a plus de responsabilités.

Le Scaramouche

Napoléon s'est jamais battu à mains nues, trop petit.

Le Zinc

Pasteur, à part inventer la rage,
on sait pas trop ce qu'il a fait,
celui-là.

Le Corsaire

Quand tu te noies,
tu revois tous les poissons
que tu as mangés en une seconde !

Le Sablier

On vivrait 100 000 ans,
on aurait la retraite à 65 000 ans,
60 000 ans pour les femmes,
on ferait des manifs pour l'avoir
à 55 000 ans.

La Bascule

Le temps, ou ça passe,
ou ça casse.

Le Pharaon

Il est tellement gros dans sa boucherie, on dirait que c'est lui la viande.

Le Muséum

Ils mettent de la paille
de la campagne dans les animaux
qu'ils empaillent, alors des fois
y'a des grillons qui vivent dedans,
on les entend chanter la nuit.

Le Beffroi

Un jour, y'aura un homme
qui mourra sur la lune,
on va l'enluner.

Aux Moules

Une goutte de pluie
met dix minutes pour tomber
du nuage par terre, si entre-temps il
se met à faire beau, elle a plus
qu'à remonter.

L'Hippocampe

Ils réfléchissent pas à chaque ligne,
sinon ils mettraient dix ans
pour écrire un bouquin !

Les Trois Diables

Le dimanche, les pigeons marchent
au milieu de la route.

Le Yéti

Si tu regardes un feu de cheminée
plusieurs heures, il s'éteint.

Le Tcha-Tcha

C'est impossible de savoir exactement le nombre de morts qu'il y a sur les routes chaque année, avec toutes les petites routes qui sont pas marquées sur les cartes.

Le Père Ubu

Quand le téléphone ne sonne pas, ça sert à rien de le laisser branché.

Le Hérisson

Sur la lune, il fait jour la nuit.

Le Galopin

Le vert, c'est un mélange de bleu et de jaune. Cela dit, la salade verte peut pas être un mélange de salade bleue et de salade jaune... La salade verte, c'est un mystère.

Le Rétro

Le soleil fonctionne comme une énorme centrale thermonucléaire, et nous, avec ça, on veut faire du solaire. Je comprends pas.

L'Abreuvoir

Souvent les anciens combattants jouent bien à la belote.

Le Big Ben

Les bonsaïs, c'est des arbres minuscules, les chênes sont gros comme des poireaux, il faut cent ans pour faire une soupe.

La Chicorée

Sur le canard, le blanc du poulet c'est le magret.

L'Abattoir

Le social, c'est toujours des gens dans la merde !

Le Détour

Je fais jamais la cuisine, même l'eau tiède, je la rate.

Le Flibustier

Un poète qui se tue en voiture, c'est un mauvais conducteur mais c'est surtout un mauvais poète.

Le Pare-brise

Pour jouer dans un grand orchestre, il faut pas être malade en car.

Le Tabou

Les papillons de nuit se couchent quand on se lève, on se croise dans l'escalier.

L'Imaginaire

Quand l'air sera trop rare,
on prendra celui des bébés.

Chez Momo

Il boit tellement vite, ça essuie
l'intérieur du verre.

La Capitainerie

On brûlait les sorcières dehors sur la
place publique, à cause de la fumée.

La Triboulette

Si j'étais Dieu, les abeilles feraient
du boudin.

L'Arnaque

L'alcoolisme, c'est héréditaire,
je bois pas pour moi,
je bois pour mon fils.

Le Clairon

On ne voit bien qu'avec le cœur, le foie, c'est pour écouter.

Le Dragon d'or

Maintenant les gosses jouent à des jeux tellement compliqués qu'on dirait des boulots.

Le Crapaud

Les microbes ne ronflent pas.

Le Coude à coude

Moi ça me dérange pas les banalités, y'en a des bien.

Le Disque Bleu

La bougie est une sorte de lumière chimique, par rapport à l'électricité qui est physique.

Le Dynastie

Le beaujolais nouveau est arrivé, ça m'étonnerait qu'il en reparte !

Le Franc-tireur

Je suis jamais tombé de vélo, même par terre je reste accroché dessus.

Le Fronton

Si tu fais pas du vélo pendant longtemps, il reste dans le garage.

Le Danube

Moi, je ne respire jamais une fleur, c'est le parfum qui se déplace.

Le Dorémi

Jésus est le fils de Dieu mais on peut pas dire qu'il s'en soit beaucoup occupé, comme tous les mecs.

Le Gévaudan

Sur le toit de la tour Eiffel,
on trouve qu'une tuile.

Le Coche

Le rosé donne mal à la tête,
c'est une couleur qui ne plaît pas.

Le Coq

L'intelligence, au fond, c'est une
maladie de la connerie.

Le Comptoir

Que les astres nous gouvernent, moi,
ça ne me gêne pas.

Le Gai Cochon

Les puces retombent jamais
sur la tête, jamais.

L'Ami Louis

J'ai gagné deux fois au tiercé quand Giscard était président, c'était plus facile à l'époque.

Les Fleurs

Les Indiens d'Amazonie mettent des plumes comme nous on met des chapeaux, des fois ils les oublient chez eux...

Chez Moi

Je crois en Dieu, j'ai dit je crois, j'ai pas dit que j'étais sûr !

L'Arc-en-ciel

Les nids des oiseaux, je les enlève des arbres, c'est pas fait pour ça.

Les Reflets

Il est sorti dans l'espace ; du pot, il pleuvait pas !

L'Amusement

J'ai des idées qui me traversent quand je suis rouge, quand je suis vert je pense à rien.

À la Pile du pont

Les papillons de nuit vivent qu'une nuit, ça serait idiot qu'ils aillent se coucher.

Le Grain de sable

On s'ennuie le dimanche, c'est un jour où tout le monde est vieux.

Le Grenier

Une centrale nucléaire, ça ne vaudra jamais un bon feu de bois !

Le K Fée

Ils veulent encore qu'on aille voter pour eux, ça serait pour nous, ils insisteraient moins...

Le Limousin

J'aime pas la campagne, partout on entend des pendules.

La Palette

Le vin blanc est mauvais pour les nerfs, mais le pire encore pour les nerfs, c'est quand y'a pas de vin blanc.

Le Mazarin

Dans une tortue, y'a pas de voisins.

Le Patio

Ma femme ne peut pas me quitter vu que je suis jamais là.

Mickey Sport

Quarante mille morts d'un coup, impossible que la mort soit toute seule...

Le Petit Boulot

Avec la drogue t'as l'accoutumance,
alors qu'avec le vin t'as juste
l'habitude.

Mégalo Bar

Un hologramme,
c'est la fumée de la cigarette
qui prend la forme
d'un saucisson.

Le Béret basque

Les girafes souffrent une heure
quand elles avalent trop chaud.

Le Pacifique

Moi, la poésie,
même si c'était un sport,
ça me ferait chier.

Au Petit Poucet

À New York, les immeubles sont tellement hauts que là-bas, pour voir la tour Eiffel, faudrait descendre au premier étage.

Le Masséna

Plus tu sales la soupe, et plus les carottes vont flotter.

Le Malengo

Dans la Grèce antique, tu ne trouvais pas d'antiquités.

Les Lucioles

Si tu donnes ton foie à la science, elle va faire un putain de bond en arrière !

L'Or en barre

J'aime pas tellement la flûte, on dirait une musique pour une confiture.

L'Oasis

Le rouge c'est la couleur du feu,
de la force, de la violence,
alors que l'orange c'est la couleur
du jus d'orange.

Le Masséna

Au cinéma je m'endors tout le temps,
c'est pas de ma faute, ils éteignent
la lumière.

Les Philosophes

Les goûts et les couleurs sont dans la
nature, en ville on a pas besoin de
tout ça.

Les Pipos

Je suis un athlète complet,
jambon-œuf-fromage !

Café Lotus

Dans le ventre de la mère, le bébé entend les conneries que dit le père.

Le Lucky

Quand on s'est mariés je lui aurais décroché la lune mais, maintenant, je change même plus une ampoule dans la cuisine.

Les Facultés

Tu peux pas jouer de la trompette la bouche pleine, alors que le tambour, tu peux en jouer même le midi.

Le Voyageur

L'eau est potable alors que le vin est comestible, nuance.

Les Initiés

La méditation c'est très reposant, c'est quasiment la sieste hindoue.

Les Boulistes

Si tu fais sortir la Vierge d'un chapeau, c'est plus un miracle, c'est de la magie !

Les Marronniers

Quand je serai vieux je veux mourir au bistrot, comme Molière.

Le Zénith

On se marre bien quand on est cons.

L'Écrin

En France on n'a pas de désert, on a toujours un pommier quelque part.

Les Aigles

Quitte à avoir un tremblement de terre, autant que ça soit en Arménie qu'à Limoges ; à Limoges t'as la vaisselle, en Arménie, t'as rien.

Les Initiés

Le sang du Christ, c'est du vin,
alors le sang du diable,
c'est minimum du calva.

Le Triangle

Les minibaleines naines,
on les foutrait dans l'huile,
ça traînerait pas !

Le Vélocipède

À la morgue ils découpent les gens en morceaux pour savoir de quoi ils sont morts ; ils trouvent,
mais c'est trop tard.

Les Trois Cochons

Un poisson pourrait vivre sous la douche, si tu laisses l'eau tout le temps ouverte et que tu le suspends en dessous...

Les Ursulines

En refusant de me servir, c'est toute la race des clients que tu insultes !

L'Horloge

Quand y'a pas de vent, les drapeaux, ça fait vieux pays.

Les Volcans

Un chien de berger, si il est en prison avec le berger, il est heureux comme tout.

Les Trois Frères

**Léonard de Vinci
a inventé la coquille d'escargot
en 1500 et ça sert encore...
c'est là qu'on voit les génies !**

L'Estaminet

**Il est passé à travers
un arc-en-ciel avec son parachute,
du coup il était bon
pour la douche...**

Les Phares

**T'as pas de poisson sans arêtes,
à part la moule.**

Les Ondes

**Les sportifs se dopent pour gagner,
c'est la loi du sport.**

L'Étincelle

Si c'est une énigme Simenon
avec ses trois cents bouquins,
alors moi je suis une super énigme,
j'en ai pas lu un !

L'Évasion

Un nain de cinquante ans c'est
comme un normal de cent.

Les Piétons

C'est toujours les cons comme nous
qui ont les boulots, les autres,
ils ont les professions !

L'Ava' Tard

Au prix où est le mètre carré,
je peux même pas acheter là
où je jette mon mégot.

L'Imprévu

Maintenant, même ceux qui meurent de faim mangent trop !

L'Interlude

Un jour on pourra téléphoner sur une autre planète, et on te dira qu'il est pas dans son bureau.

Les Pissenlits

Leurs embryons congelés, ça doit faire froid au cul, non ?

Les Mouettes

Les mecs qui font les routes, c'est pas des mecs qui conduisent.

Le Trappiste

Si tu bois un Ambassadeur et que tu dégueules, ça fait un incident diplomatique.

Le Troquet

L'infiniment petit, ça sert à rien, alors que l'infiniment grand, on peut mettre plein de choses dedans !

Le Tunnel

Je sais bien que c'est dangereux de conduire bourré, mais on va quand même pas rentrer à pied !

Le Vénus

Aucun doigt de la main voudrait être un doigt de pied.

Le Verseau

Les moutons sont tellement cons que la cervelle a pas de goût.

Tango Bar

Plus ta vie est con et moins t'as peur de la mort, c'est ma philosophie de la vie.

Le Temps perdu

L'eau conduit l'électricité, mais si tu mets du vin dedans, elle a plus le droit de conduire.

Le Sébasto

Les tomates n'ont plus de goût,
le veau n'a plus de goût,
le pain n'a plus de goût,
à ce train-là, la merde
va plus avoir de goût.

Le Sancerre

L'élevage en batterie, pour les veaux c'est dégueulasse, mais pour les poules on s'en fout, elles n'ont pas de sytème nerveux.

Le Soleil levant

Il a dû faire une drôle de tête, le premier homme qui a fait caca.

Le Sully

Si tu lances un boomerang tout petit, il revient tout essoufflé.

Le Tahiti

Une chanteuse d'opéra, une cuite, ça la désaccorde !

Le Saumur

Dans le croissant au beurre t'as du beurre et dans le croissant ordinaire t'as du normal.

Le Rubis

Einstein, ils lui ont mis son cerveau dans un bocal, moi j'appelle pas ça un génie mais un cornichon !

Le Septennat

Ils nous ont fait chier pour avoir des pistes cyclables et maintenant tout le monde fait du vélo tout-terrain !

Le Provençal

Vous verrez qu'un jour on y reviendra aux anciens francs !

Au Muscadet

La chauve-souris a un radar comme les gendarmes.

Le Menhir

En cas de guerre atomique, je vais dans le Poitou.

Le Monaco

L'Église ne dit rien sur les chiens qui s'enculent.

Le Moulin à café

Je préférerais le contraire, qu'on soit le pays des 2 millions de fromages et des 300 immigrés !

Le Manège

Les merdes d'anthropophages sont pleines de bagues.

Le Mistral

Si y'en a une qui vient dans sa classe avec le voile, moi le mien, je lui mets une casquette Ricard !

Le Madrigal

La femelle clown a pas des beaux habits.

Le Mont Blanc

Moi je serais Picasso, au prix où ça se vend, j'en fais qu'un et j'arrête !

Le Mercure

Si Dieu meurt, c'est Jésus qui hérite de tout.

Le Lutèce

Le pire à la télé, c'est une blague mal racontée.

Au Mondrian

On voit bien que l'homme descend du singe, et surtout autour de la bite, au cul et sous les bras !

Le Narval

Dans un monde parfait, dans la glace, on se verrait à l'endroit.

Le Nemours

Tic... tac... tic... tac... ça veut rien dire, c'est des mots pour rien.

Le Paris

Un arc-en-ciel sera toujours pareil, c'est bien réglé.

Le Parvis

Heureusement qu'il y a un comptoir, sinon on serait là, debout comme des cons.

Le Penalty

Avec Melun on peut faire Mulne.

Le Sémaphore

La seule lumière qui se mange, c'est la banane flambée.

Le Sarment

Si Mozart avait été pâtissier, à cinq ans il aurait fait son premier gâteau.

Le Rostand

En plumant un petit oiseau, on obtient un bonbon à la viande.

Le Rouge-gorge

Normalement la vraie dose de Ricard, c'est deux bouchons d'essence.

Le Saint-Bernard

Le monde appartient à ceux qui ont des ouvriers qui se lèvent tôt.

Le Saint-Jean

L'hiver, les pinces à linge ne sont plus sur les fils.

Le Sentier

On aurait des coquilles, on serait tout le temps cassés !

Au Piston

Le gui fait crever les arbres, alors je vois pas pourquoi c'est un porte-bonheur ?

Le Printanier

J'ai un musée dans la tête,
mais ça ne vaut rien...

Le Quartier

Si je devais amener un livre sur une île déserte, je prendrais le livre que j'ai chez moi.

Au Relax

T'as pas plus rond qu'une roue de vélo.

Le Renouveau

Les soucoupes volantes, ça tourne
tout le temps sur elles-mêmes,
si tu coupes pas le moteur,
tu peux pas descendre.

Le Quai

La fraise des bois a pas besoin de nous !

Bar Bak

On peut faire la cuisine sur un volcan, mais faut des casseroles avec des grands manches.

Les Résidents

La ponctualité, c'est la politesse des rois, normal, y'a qu'eux qui avaient des montres !

La Bouffarde

Avec le thon on peut faire des miettes, c'est pour ça qu'on l'appelle la biscotte de la mer.

Café Cerise

La Terre se réchauffe, un jour, on aura des moineaux bleus.

Le Carrefour

Si Dieu est en panne, on peut aller le chercher avec le bras articulé de la navette.

La Navette

Celui-là, il chierait la merde du voisin pour économiser la sienne !

La Camionnette

Le serpent à sonnette de cinq mètres, il entend pas quand ça sonne.

Le Temps perdu

Le courant d'air, quand il est dedans, il est foutu.

Chez Mimosa

Je suis pas beau mais au moins, c'est moi.

Aux Prix Nobel

Chaque poulet a un signe particulier, soit il est bien cuit, soit il est pas bien cuit.

Chez Papa

Avec la machine à remonter le temps, t'arrives dans mille ans et tu peux pas te garer, tu tournes dans le temps pendant des heures.

Chez Pierrot

Si la neige était noire, les gens feraient moins de ski.

Le Relais charbon

Je préfère mourir qu'aller à l'hospice ! mais peut-être je ferai les deux.

Café Marco Polo

Le chat qui mange du lapin ne sait pas qu'il a le même goût

Café Pistache

Y'a eu un moment dans l'histoire où il ne fallait pas toucher *La Joconde* parce que c'était pas sec.

Le Murmure

Si Jésus était né dans une clinique
privée, tu vois la pub
pour la clinique !

L'Universel

Les oiseaux sont pas mieux que nous,
si tu leur donnes des voitures,
ils rentrent en voiture.

Cannibale Café

Ça se voit si un caméléon a bu
un rosé...

Le Chiquito

De toute façon,
tant que c'est des bonnes femmes
chez les féministes,
ça marchera jamais.

La Chope des sports

Dans le cerveau humain
on a des milliards de petites cellules,
c'est pour y mettre en prison des
milliards de petites conneries.

Le Comtois

Une jolie raie des fesses c'est du
sourire qui sert pas beaucoup.

La Fontaine du Roi

Le crabe, il est déjà en forme
de boîte.

La Grenouille bleue

Des plateaux de fruits de mer
énormes comme ça, on les verrait
vivants dans la mer qu'on partirait
en courant !

Le Javel

Le pâté de tête, c'est fait avec la tête, le pâté de foie, c'est fait avec le foie, et le pâté de campagne ?

La Bouffarde

Dans les grands fonds, les poissons sont lumineux jusqu'à minuit, après, ça gueule !

La Jungle

Les nègres ont des sacrées grandes bites, sauf les pygmées, les pygmées, elle est comme nous.

La Patache

Depuis qu'elles font la vaisselle, les femmes devraient avoir les mains palmées... même pas !

La Palombe

La misère sexuelle, c'est quand c'est les pauvres qui baisent.

La Poudrière

La famille, c'est surtout pratique pour faire des restes.

La Rhumerie

Le beaujolais nouveau est tellement arrivé que c'est ma femme qui est partie !

La Station

Les derviches tourneurs, c'est des fainéants, on a jamais vu un derviche tourneur-fraiseur.

L'Abribus

Dix doigts de pied, pour le comptoir, c'est pas de trop.

L'Aiglon

Superman, aux cabinets, il lui faut neuf cents rouleaux.

L'Alibi

Y'avait des flûtes de champagne, mais moi je buvais dans les tambours !

L'Apart'

Moi je préfère les tableaux genre *La Joconde* parce que au moins ça a gardé le caractère musée.

La Barbouille

C'est l'instinct grégaire qui pousse les œufs à se mettre par douze...

Le Bœuf à la mode

La vache dans la pré, c'est comme si elle marche dans son assiette.

Le Canari

Accoucher sous l'eau, c'est des coups à se remplir !

Le Cardinal

Un alcoolique restera toujours un alcoolique, même si il ne boit plus, il regarde les étiquettes.

Le Chablis

Et sur un cadran solaire, tu le fais comment, ton changement d'heure ?!

Le Cléopâtre

L'opérette,
c'est de l'opéra vinaigrette !

Le Couvent

La police des polices ! Comme si nous on avait la charcuterie des charcuteries !

Le Flash

La reine des abeilles, elle mange de la gelée royale, pas des rillettes, sinon elle serait pas reine.

Le Grain de sable

Il parle pour rien dire, et quand il se tait, c'est encore pire.

Le Pressoir

Ici, le mieux pour faire de l'audimat, c'est encore de payer un coup !

Le Ramus

Pendant que tu dors, l'œil, il continue de regarder la paupière, mais il se fait chier.

Le Reinitas

À l'époque de la tuberculose, tu m'en aurais pas fait manger, des tubercules.

Le Rexy Bar

Les poules pondeuses c'est comme les concierges, elles peuvent partir que si on les remplace pour pondre.

Le Rossignol

Dans chaque homme vivant, t'as un début de crotte.

Le Rugby

Les grandes chaussures, ça fait penser un peu à Gulliver.

Le Sous-bock

Plus vite la guerre elle commence, plus vite elle est finie !

Le Fusible

Tout l'argent de ceux qui gagnent au Loto, on devrait le redistribuer à ceux qui ont jamais gagné !

Le Verlan

Dans une région, je prends toujours un vin de la région, et dans un pays, un vin de pays.

L'Écu de France

Si tous les gars du monde se donnent la main, qui c'est qui bosse ?

Les Têtes brûlées

Les nains, c'est comme les crevettes, t'arraches la tête, il reste plus rien !

L'Étrier d'or

Si c'est pour avoir des emmerdements, je vois pas l'intérêt d'être un tyran.

L'Idéal Bar

Le naturisme, t'es à poil dans la nature ; le nudisme, c'est dans les dunes, c'est la différence.

Le Louis d'or

Moi je me sens bien dans ma peau mais j'ai pas de mérite, elle est juste à ma taille.

La Mazette

La vulgarisation scientifique, y'a même pas un seul gros mot !

Mon village

Quand t'as vu un Picasso, tu les as tous vus.

Le Mazot

Je crois que dans une autre vie j'étais un oiseau, j'adore le maïs.

La Clef des champs

Les icebergs et les montagnes, c'est pareil, t'as un tiers qui dépasse et le gros bout, il est sous terre.

Sixty Bar

Quand King Kong escalade la tour, normalement les gens dans les bureaux devraient voir ses grosses couilles collées aux vitres.

Le Smoke

On croit qu'on est des poussières dans l'univers, et finalement, on n'est que des mecs au bistrot.

Le Spoutnik

Une énorme femme avec des fenêtres et une cheminée, personne interdit d'habiter dedans.

Le Touring

Le linge sale des publicités, il vient bien de quelque part...

Le Welcome

Même en mettant plein d'engrais, pour un chêne centenaire, y faut cent ans.

L'As de cœur

Plus le pays est grand et plus t'as des information régionales.

L'As de pique

Un poisson qui meurt de vieillesse, au milieu de la mer, il se met lentement sur le dos et c'est fini.

Au Petit Creux

Les Esquimaux ont pas de jardin derrière l'igloo.

Chez Fernand

Le serpent minute te pique, tu meurs juste en une minute, sauf si le serpent retarde...

Café Cargo

En Inde, à partir de neuf heures du soir, il fait doux.

Café Constant

La plupart des pays mondiaux mangent à midi.

Le Géant

Ça a toujours une forme, un nuage ; minimum, c'est un pain.

Café de la musique

Dans l'univers t'as des millions de soleils, ça empêche pas que des fois, on se caille les meules.

La Petite Porte

À l'intérieur du cerveau, tu vois pas l'intelligence ; comme à l'intérieur du réveil, t'as pas l'heure.

Le Buisson d'argent

Les philosophes, rien les fait chier.

Le Timbre-poste

Le meilleur refuge pour un animal abandonné, c'est encore dans le pâté.

Le Bijou Bar

Le pou, quand tu te laves les cheveux, il en profite pour se laver les siens aussi.

L'Entre potes

Au début, le chômage, c'était bien, mais maintenant on est trop.

Le Luron

Un coup de pied au cul, c'est plus vexant qu'une bombe atomique.

L'Équinoxe

Si je servais pas les cons,
j'aurais plus personne,
alors...

L'Agora

Quand tu regardes le tracé
du Tour de France,
tu constates que les coureurs ne font
pas vraiment le tour.

Bar du dépôt

Pour faire un lait-fraise, il faut une
vache et une fraise.

Bar du Jeu de boules

Les mouches à merde,
elles sont pas plus sales
que ceux qui font les merdes
à mouches !

Bar du Midi

Ils cultivent le champignon de Paris dans des souterrains, ce qui lui donne son air de prisonnier politique...

Le Sablier

Les lions, ils ont les pattes qui se terminent comme les pieds des beaux meubles.

Bar du téléphone

Pour gagner contre un mec qui a une raquette en boyaux de chat, tu prends une raquette en boyaux de chien.

Bar du vallon

Le mieux à dire à un mourant, c'est qu'il a les pieds chauds.

La Gerbe d'or

C'est toujours quand y'a pas de pont qu'on veut aller de l'autre côté.

L'Île de Beauté

En Inde, l'éléphant sur la route, il est sacré, t'as pas le droit de doubler.

La Pinède

En Afrique t'as pas de robinets, c'est un nègre qui dépasse du mur avec un seau.

Le Campus

Si t'es debout au pôle Nord avec ta femme, ça fait comme des mariés posés sur un gâteau.

Le Coquet Bar

Y'a aussi les copains de bar chez les chiens !

Le Tacot

J'aurais bien voulu que ma maman soit une vache...

Pêle-mêle

Les communistes, il suffit d'un pour que ça reprenne...

La Rade

Le nez rouge, c'est une preuve de bonne circulation dans le nez.

La Petite Vitesse

L'automne, dans la forêt d'Amazonie, tu prends des feuilles mortes de quatre mètres sur la gueule !

Le Django

Le ski nautique, faut pas tomber. sinon t'es trempé.

Le Galion

Le sport, si c'est pour être tout essoufflé, merci bien !

Le Sprint

L'art moderne, on ne sait jamais où le mettre.

Les Dauphines

La France vieillit, j'espère bien ! Nous on vieillit, alors pourquoi pas elle ?

Les Quatre As

Un vieux centenaire, il est plus devenu un arbre qu'un homme.

Le Tout va mieux

C'est impossible de truquer une course de vélos à cause des descentes, là, tu peux rien faire...

Bikini Café

Avant d'être fort comme un chêne,
il faut être con comme un gland.

Blue Bar

La mer ça baisse jamais, à mon avis
quelqu'un rajoute de l'eau.

La Suite

La vipère, elle a un V sur la tête,
mais si tu sais pas lire, t'es mort.

Le Taxi

Les coureurs cyclistes devraient
reverser à une caisse quand on les paye
et que c'est des descentes.

Casa Nostra

Quand il gèle à pierre fendre, ça
écarte les fesses des statues.

Chic Bar

Pour moi, il faut que la femme soit jeune, sinon ça gâche le film !

Le Comptoir du musée

Moi, je serais le soleil, je me coucherais aussi pour la sieste.

Féria Café

Des jumeaux habillés pareil, tu les reconnais à la radio des dents.

Le Jean-Jaurès

Il faudrait que Dieu soit élu !

La Locomotive

Les légumes inventés en laboratoire refusent d'aller dans la terre.

La Tornade

J'aime pas danser pendant la musique, moi, pendant la musique, je bois une bière !

L'Ascenseur

Les génies ont la cervelle deux fois plus grosse que la normale, si t'en manges, tu peux pas tout finir.

La Boxe

L'hiver, il tranche sa viande plus épais, comme ça le bifteck a pas froid.

Le Canotier

Les poireaux-pommes de terre, c'est la soupe étalon.

Le Malibu

En Éthiopie, si tu leur parachutes de la choucroute, y se font des cabanes avec !

Le Number One

Pourquoi on les empaille pas, les grandes vedettes qui meurent ?

Le Petit Bleu

Qui c'est qui les prévient, les asticots, quand y'a un mort ?

Le Romarin

Le racisme, c'est une glande.

Le Score

On avait fait des photos-souvenirs, mais comme on les a perdues, on se souvient de rien.

Le Nemrod

« **C**haise » est dans le dictionnaire, comme si on savait pas ce que c'est !

Le Râtelier

J'aime bien discuter avec quelqu'un qui est d'accord, ça fait avancer la discussion.

Le Golf

Les vétérinaires ne disent jamais la vérité aux chiens malades, sinon ils se font mordre.

Alfred

Il est taillé comme un violoniste, avec les bras qui partent des oreilles.

Bar Bellevue

Les nains sont plus vite saouls.

Bar des as

Quand on sait pas boire, en général, on boit le double.

Bar des messagers

La vie éternelle est de plus en plus longue grâce aux progrès de la religion.

Les Arènes

Moi, si un jour je prends l'avion, je monte dans la boîte noire.

Le Dionysos

Le vaccin sur un sucre, ça te fait un canard aux microbes !

Le Bacchus

Shakespeare a jamais ouvert un bouquin de Sartre, il était pas plus con pour autant.

Le Cactus

La télé c'est tellement con que même les pigeons se posent plus sur les antennes !

Le Béarn

Faut pas trop parler le matin, sinon l'après-midi on sait plus quoi dire.

Le Populaire

La sculpture, c'est un peu comme de la peinture qui tiendrait toute seule.

L'Évidence

Le sourire de la Vache qui rit, c'est copié sur *La Joconde*.

Le Fer à cheval

Il y a des peintres tellement forts qu'ils arrivent à peindre des sardines à l'huile avec de la peinture à l'eau.

Glou-Glou Café

La machine remplacera jamais l'homme, elle est pas assez con.

La Belle Vie

La bêtise, c'est comme un fumier pour les légumes, alors que l'intelligence, ce serait plutôt de l'engrais pour les fleurs.

La Belle Équipe

Le bonze, tu l'arroses d'essence, t'y mets le feu, y dit merci, le bonze.

Le Bar basque

J'ai perdu ma femme le jour où on a marché sur la Lune ; avec un peu de chance, elle était dans la fusée...

Le Bidule

La rose est une fleur qui meurt lentement, pour se faire plaindre, en quelque sorte...

La Florida

À la campagne, on trouve plus de noms sur les monuments aux morts que sur les boîtes aux lettres.

Le Globe-trotter

Moi, je suis pour la pollution, et j'en suis fier !

Le Milliardaire

Je vais voter écologiste parce que j'aime bien les légumes.

Un autre monde

Les lettres de mon moulin ? Tu lis le courrier des autres, toi ?

Tchin Bar

Elles sont mises de force, les bulles dans le champagne, d'ailleurs dès que tu le débouches, elles se tirent.

Le Père Peinard

Heureusement qu'il y a des chômeurs puisque, de toute façon, il n'y a pas assez de boulot pour tout le monde...

Le Millionnaire

L'espace c'est du vide. Si tu mets des betteraves dans l'espace, c'est des betteraves sous vide...

Le Petit Diable

Il en faudrait des kilos de muguet, pour rendre les cons heureux.

Le Sans pareil

Là-bas, c'est le narcodollar, ici, c'est le Ricard-franc.

Le Trophée

Les esclaves, au moins, ils avaient du boulot !

Les Zazous

C'est un sacré bricoleur,
tu lui donnes le soleil,
y te fait une lampe !

L'Œuf à la coque

Tu peux être très con et très
intelligent en même temps,
si t'es malin...

Les Avions

Quelle horreur, ce sida,
quelle horreur ; mais que voulez-
vous, on peut tout de même pas forcer
les gens à se laver !

Les Minimes

On copie tout sur la nature, l'avion
c'est l'oiseau, le sous-marin c'est le
poisson, le camion c'est l'éléphant.

Le Caribe

Tu as environ mille sortes de roses, eh bien, toutes sentent la rose.

Café Corbeau

Les animaux sont toujours contents d'avoir des petits, il n'y a que l'homme que ça fait chier d'avoir des gosses...

L'Hippodrome

Bloquer la France avec quelques camions, c'est là qu'on voit qu'on a des routes pas larges.

L'Artichaut

L'avantage de visiter le désert, c'est que t'as pas besoin d'apprendre la langue.

L'Étoile verte

Un nez pointu, c'est pratique pour nager.

Le Diamant

Une paire de chaussures neuves et j'ai l'impression que j'habite un beau quartier !

Le Madison

Le pastis c'est les vacances, le Ricard c'est le boulot...

Tip-Top

Tu vas à la pêche et tu attrapes un petit poisson, tu crois que tu le sors de chez lui mais c'est lui qui t'a fait sortir de chez toi...

L'Étoile du Nord

Faut enlever les chaussures pour entrer dans les mosquées ; c'est un dieu qui aime bien les chaussettes, leur dieu.

À la Carpe d'or

L'élégance, c'est la politesse du tissu.

L'Élastique

On serait pas là pour pêcher à l'asticot, je me demande où ils les trouveraient leurs asticots, les poissons.

Les Rois Mages

Moi, je vis à cent à l'heure, sauf dans les villages, je vis à cinquante.

Le Boomerang

L'animal domestique, t'en manges pas, et les produits domestiques, t'en bois pas !

La Louisiane

Pour une Miss Monde, il faut au moins un mètre cinquante entre la bouche et le trou du cul.

Le Bâbord

J'ai pas peur de l'Europe, moi, je suis pas un pédé !

Le Tribord

C'est un sous-marin qui s'appelle *Le Redoutable*, et dedans, ça sent la chaussette.

Les Vieux de la vieille

Chez le rouge-gorge, c'est le mâle qui pond.

L'Otarie

Tu retournes le microscope et, d'un coup, c'est le microbe qui te regarde...

Le Nautilus

L'Afrique, ce qui lui manque, c'est les nuages ; sinon y'a tout.

Le Petit Grain

Le Français est capable de donner des Juifs pendant la guerre, mais dire un coin à champignons, ça, jamais !

Le Poulailler

Je préfère être moi que Jules César parce que Jules César, il est mort.

Un Singe en hiver

Chez les Indiens, y'avait pas l'heure, ils ont découvert ça quand les cow-boys les attaquaient à heure fixe.

L'Antisèche

Si t'as plus qu'une seconde à vivre, faut la mettre dans une omelette.

Au Fil du temps

Un tigre, tu peux le dompter ; une sardine, non.

L'Habit rouge

Jésus, tu le décloues, il sert encore..

Bar Lumière

Les canards nagent bien parce qu'ils ont des pattes de poisson.

Le Chapeau rouge

Si chaque Français prend un bout de campagne chez lui, un arbre, une mare, une vache, eh bien, la campagne elle est sauvée.

L'Observatoire

Chez les homosexuels, personne met la table, ils mangent tout le temps au restaurant, ces gens-là...

Café des Lilas

Les animaux, c'est pas des jouets, ça se mange.

Le Conservatoire

Je suis de l'Assistance publique, alors mon arbre généalogique à moi, il est pas plus haut qu'un radis.

Le Charité

On a la chance de pouvoir parler, parce que l'animal qui a une connerie à dire, il l'a dans l'os !

Le Cheval rouge

Depuis la Terre on voit la Lune et depuis la Lune on voit la Terre, c'est la première exposition interactive de planètes.

Café Bonhomme

Ils remplacent les hommes par des machines sans savoir que les machines aiment pas leur travail.

La Manille

La campagne c'est bien,
quand on sort, on est dehors.

Double six

Il faut que les robots
payent les retraites !

La Calanque

Ils font des flûtes avec des os,
quand ils soufflent dedans,
ça envoie de la moelle
dans le public.

La Fiesta

On nous a habitués à ça depuis
qu'on est petits, sinon on pourrait
très bien dire maman à son père
et papa à sa mère.

La Roue tourne

La guerre, ça fait monter le prix de la viande et ça fait baisser le prix des gens, à croire que les gens c'est pas de la viande !

Les Maquignons

Le nucléaire c'est du solide, y'a pas de petites vis.

Le Préambule

Chez les abeilles, tout le monde fait les courses.

Tourne manège

L'oiseau chante, mais en fait il parle, comme dans *Les Parapluies de Cherbourg*.

L'Amboise

Quand toute la planète sera en ciment, ça sera la fin des herbivores.

Le Marco-Polo

Un président de la République pourrait très bien pas avoir de bras, quand on voit le nombre de secrétaires.

L'Aristo Bar

Dans ses livres à Jules Verne, y'a pas de chômage, comme quoi il avait pas tout prévu non plus, celui-là...

L'Ambroisie

Ils ont écrit « connard » sur sa boîte aux lettres, et le pire, c'est qu'il continue à recevoir du courrier !

Le Bienfait

Le château de Chambord, architecturalement, c'est une broussaille.

Le Bizz

C'est les pauvres qui aiment pas les pauvres, les riches eux s'en foutent.

Le Casimir

Le RAID, c'est une sorte de police qui boit pas, ou très peu.

Le Nain bleu

On a beau acheter du dentifrice, en acheter, en acheter, y'a toujours un matin où y'en a plus.

Le Pélican

Si tu nais en France t'es pas forcément français, il faut naître à l'intérieur d'une Française.

Terre et Ciel

Les riches ont des servantes
mais nous, les pauvres,
on a les serveuses !

Captain Pub

Geronimo, ça veut pas dire du tout « le fils des loups », ça veut dire « celui qui aime les géraniums »...

Rive du lac

L'eau rentre partout, même dans le trou du cul, alors pour elle, inonder une cuisine, c'est rien du tout.

La Vie en rose

L'Atlantide, on cherche au fond de la mer alors que si ça se trouve, c'est à la montagne.

Le Chicago

Il faut se retenir de faire pipi, ça muscle la bite.

Le Fauteuil paresseux

Les boîtes aux lettres seraient au dernier étage de l'immeuble, les jeunes les casseraient moins.

Le Palladium

La France vieillit, et c'est pas un bon exemple pour les jeunes.

Le Saint Claire

Les Antilles, hors saison, t'as le même temps qu'à la campagne.

Le Swan

Des fois en prison ça passe vite, et des fois ça passe lentement, c'est ça la justice à deux vitesses...

Le Valentino

Lui donner de l'espoir, finalement, c'est pas un bon service à rendre à la jeunesse.

Le Centenaire

J'aurais trois pieds, j'en laverais que deux.

Le Tropico

Un acteur par film, comme ça si le film marche pas, t'as rien dépensé.

L'Étrier

Avec l'avion, au moins, on s'arrête pas à toutes les gares.

Le Patronat

Dans les musées, on trouve tout ce que les gens ont pas acheté.

La Sarrasine

Zavatta, c'est bien qu'il soit mort, ça change un peu des autres morts.

Le Goéland

La journée du sida, moi je sors pas...

Le Phare

Après voler, l'oiseau pue sous les bras

Le Yacht-Club

Dostoïevski, rien que le nom de l'auteur à lire et j'ai ma dose.

L'Aviso

Ils augmentent l'essence et après ils limitent la vitesse. L'essence chère, c'est fait pour rouler vite !

L'Alchimiste

On s'est posé sur la Lune, on est revenu sur Terre, la Lune c'est qu'un perchoir.

Le Pianiste

T'as des harengs qui habitent Venise !

Le Paratonnerre

À la seconde où le futur devient du présent, si ça se trouve, toi, tu dors...

Le Crocodile

Le paradis des chrétiens perd de la surface, les islamistes rachètent tous les terrains.

Le Trident

Il met des tapettes aux oiseaux, vu qu'il a des tapettes et pas de souris.

La Camargue

C'est pas moi qui vais gueuler contre les publicités dans ma boîte aux lettres, c'est les seuls qui m'écrivent.

Bar du casino

Heureusement que Haussmann s'est pas occupé des sentiers de grande randonnée !

Café Olive

Le président de Colombie, c'est rien de plus que le roi du café !

La Tour carrée

En Amérique, t'as pas de centre-ville.

Le Donjon

En tendant les cordes vocales sur un violon et en passant l'archet dessus, ça devrait dire des mots.

Le Mogador

Toutes ces histoires de pognon dans le football, finalement, c'est peut-être ça qui va donner aux jeunes l'envie de faire du sport !

Bar du chêne

Il nous faudrait un autre Jean-Paul Sartre pour avoir de nouvelles idées, mais sans l'œil qui déconne.

Bar des mécaniciens

Quatre cent mille morts en Inde, pour nous, c'est énorme, mais pour eux, c'est rien.

Bar des platanes

Il faut souffrir pour être honnête !

Le Dialogue

Il ne faut pas manger de viande avant l'échographie, sinon on confond.

Les Archers

Laveur de carreaux, c'est un petit métier, même avec des grands carreaux.

Le Brennus

Si le pilote est très fort, l'hélicoptère peut se poser sur une branche d'arbre.

Y'a trop de violence à la télé, mais par contre, y en a pas assez à la radio.

Fréquence Café

Le coq chante et le tigre répond, c'est comme ça quand un cirque s'arrête dans la campagne.

La Natation

Même si la Sécurité sociale rembourse plus les médicaments, ça m'empêchera pas d'être malade !

La Goulue

Il est con comme un iceberg, trois fois plus con que ce qu'on voit !

La Soupe aux choux

Il ne faut pas dire trop de mal de la génétique, c'est quand même grâce à la génétique qu'on fait des grosses tomates.

Le Baroque

L'avantage de la photo, c'est que tu te fous pas de la peinture partout.

Le Couche-tard

Le plus bel instrument de musique, c'est la voix humaine, et surtout, tu peux bouffer avec.

Le Jaguar

Dans la télé du futur, quand on aimera pas ce qui passe, on éteindra.

Le Louxor

Les plantes boivent de l'eau dans la journée, elles pissent la nuit, on ne les voit pas.

Le Must

Ils ont peur de faire un sondage sur les sondages, sinon ils verraient que personne y croit à leurs sondages !

Le Pen-Duick

Une grande fromagerie, c'est un monde, celui des fromages.

Le Petit Bide

Ils ont viré les Blancs d'Afrique, résultat, c'est plein de Noirs.

Le Sirop de la rue

Partout où tu vas dans la campagne, tu finis dans des hangars.

L'Étage

Quand tu vois la taille des pyramides, t'imagines la taille des poubelles ?

Le Mille Neuf Cent

Boire qu'un verre, ça sert à rien, tu t'abîmes la santé pour rien !

Le Monte-Cristo

Un fou qui brûle fait des flammes vertes.

Le Niagara

L'Orient n'a plus de mystères, on le traverse en car.

Le Zanzibar

J'aime la France pendant le Tour de Fance, j'aime l'Italie pendant le Tour d'Italie, on ferait le Tour de l'Irak que j'aimerais l'Irak tellement j'aime le vélo !

Les Eaux claires

Avant, à la radio, personne parlait, parce qu'on savait pas si quelqu'un écoutait.

Le Briant

Un robot qui serait bien utile, c'est un déboucheur de cabinets à distance.

Le Campagne

L'ouvrier c'était une condition, c'est devenu du condiment...

Le Coq Tail

À Paris, t'as plus de chanteurs dans le métro que nous on a de grillons dans le pré !

Le Monocle

Des fois je m'ennuie tellement que même l'ennui doit se faire chier.

Le Néron

Le foie gras de canard fait mal au foie de l'homme, c'est un exemple de combat entre foies.

Le Symbole

Le soleil se lève le matin et se couche le soir, comme nous, c'est pas plus compliqué que ça.

Le Verlaine

Le grand avantage du béton, c'est qu'on a pas à le tondre tous les trois jours.

Les Deux Escaliers

Pour le grand fumeur, la nicotine, c'est du miel de cigarette !

Bar Phenomen

L'eau froide aime pas l'eau tiède qui est jalouse de l'eau chaude, tout ça, c'est plus fort que l'eau.

Barberousse

On ne peut pas arrêter le progrès, alors à la place on arrête les savants.

Les Alliés

Je sais pas pourquoi ils ont décidé que les réveils feraient tic tac.

Les Touristes

Le tunnel sous la Manche, si c'est pour aller en Angleterre, merci bien !

Le Patio

Avec les nouvelles techniques, après un lavage de cerveau, t'es pas obligé de faire un repassage...

La Grenette

Si tu fais chauffer la mer, ça donne une immense soupe de poissons.

Le Scénario

La jeunesse est une trop belle
richesse pour la confier
à des jeunes cons.

Le Tord-boyaux

Je veux bien croire que l'intelligence
c'est culturel, mais la connerie
c'est bête, pas plus.

L'Aéroport

C'est sympa d'être un fantôme,
tu commences à minuit
et t'es ton chef.

Le Tourbillon

On fait pas assez d'enfants, du coup
la France vieillit, mais si on en fait,
c'est nous qui vieillissons.

Le Lieu-dit

Si on fait de la philo de comptoir, c'est qu'en terrasse c'est trop cher !

Central Park

On ne peut pas être feignant quand on est chercheur d'or, sinon autant chercher du boulot.

Le Ferry-boat

Souvent, dans les poésies, ça va jamais, les mecs sont jamais contents, et pourtant, c'est des poètes !

Le Batavia

Quand la maman éléphant accouche, la sage-femme a pas intérêt à rester en dessous.

Le Bocage

Si on creuse notre tombe avec notre verre, elle fait cent mètres sur cent mètres.

Le Charleston

Moi, ça m'étonne toujours qu'au Loto on a toujours onze numéros alors que c'est du hasard.

Le Cobra

Napoléon est tout petit, c'est Bonaparte qui est plus grand.

Au Rétro

L'amour et la haine,
c'est les deux extrêmes,
tout le monde est au milieu.

Bar de l'écran

Les toiles d'araignée
ne font qu'une pièce,
un peu comme les lofts
de maintenant.

Le Michelet

Une centrale nucléaire n'est pas plus dangereuse qu'un marteau, si tu donnes un coup de marteau sur la tête à quelqu'un, par exemple...

Le Joker

Les gros qui s'embrassent, c'est un prétexte pour se manger la langue !

Les Délices

Le corps arrête de grandir quand le coude est sur le comptoir.

La Pomme d'or

La terre existerait pas, tout ce qu'on laisserait tomber par terre, on le retrouverait jamais.

Le Chalut

C'est les Romains qui ont commencé à mettre des noms sur les boîtes aux lettres.

L'Orée du bois

C'est pas un temps à mettre une pluie dehors, avec tout ce soleil !

Le Chaland

Dans le restaurant du TGV, les frites elles font du quatre cents à l'heure, comme tout le monde.

L'Étalon

Le commandant Cousteau a-t-il été sergent, le sergent Cousteau ?

L'Oranger

Je bois jamais, c'est pour ça, quand je prends une cuite, je suis tout de suite saoul.

Le Narcisse

Il fait comme les poulpes, quand on le suit, il chie dans son froc.

Chez Moustache

L'éducation, c'est inné.

La Fin du mois

Le café, ça réveille, et le calva, ça ouvre les volets.

La Belle Meunière

Les grands brûlés, on leur prend la peau des fesses et on leur met sur la figure... Moi je fais plus la bise, je serre la main.

La Loterie

Les poils au cul, c'est les vestiges du poil partout

L'Hospitalier

Elle aura été longue, cette année, avec la pendule qui retarde...

L'Insomnie

Le seul avantage avec la guerre chimique, c'est qu'en même temps les produits lavent les bagnoles !

Café de France

Le plus grand silence c'est quand on est mort, sauf des fois, y'a une taupe qui se cogne...

Le Frivole

Christophe Colomb,
en arrivant au ciel,
il a dû tout visiter tout partout.

Le Fusil

Moi, quand je vois des inondations dans des pays lointains, je me dis que c'est pas bon d'habiter loin.

Le Bon Goût

C'était pas con de mettre des petits jouets dans les paquets de lessive, parce qu'en jouant avec les gosses se salissaient...

Les Imprimeurs

Les jumeaux, quand y'en a un qui prend un pastis, l'autre, même à un kilomètre, il en prend un aussi.

La Fortune

Tu prends que des nains,
et le Tour de France,
tu le fais dans ton jardin !

La Bonne Idée

Combien de chevaliers en armure ont pris la foudre ?

Le Gosier

Un bon dictionnaire, pas besoin de le changer tous les ans...

Les Immortels

L'immortalité, ça fait combien de dimanches ?

L'Iceberg

Jeanne d'Arc a fait pipi sur le feu, mais ça n'a pas suffi.

Le Garde-à-vous

Les hommes préhistoriques peignaient sur les murs de la grotte, et peut-être qu'un jour on trouvera une grotte avec du papier peint.

Chez Hercule

Tu es poussière et tu retourneras poussière, pour une femme de ménage, c'est dur comme idée à accepter !

La Girafe

Dieu pardonne, il est payé pour ça.

Le Havre

Le vent tout seul ne fait pas de bruit, c'est quand il souffle dans les branches qu'on l'entend, autant dire que c'est la branche qui fait tout, il lui doit tout...

Les Fantassins

La dérive des continents, c'est autre chose que le Tour de France !

L'Idéal

L'ordinateur à mémoire, je lui fous un coup de marteau, il se rappelle de rien, comme tout le monde !

L'Horizon

L'avantage du whisky pur malt, c'est qu'on peut travailler après.

Le Jeanne-d'Arc

On se tue à la montagne, on se noie en mer, on se fait chier à la campagne, on dirait que c'est le patronat qui invente la géographie pour qu'on soit content d'aller au boulot !

Bar des Îles

L'avantage de la guerre en Europe, c'est que les journalistes peuvent rentrer chez eux le soir.

L'Idée fixe

Les zoos intéressent plus personne, c'est à l'abandon, les girafes sont pleines de liseron.

La Jarretière

Avant l'invention de l'heure, on arrivait quand on voulait, on partait quand on voulait, c'était pas le bordel comme maintenant !

À la Bonne Heure

Le camembert est un être vivant.

Les Innocents

L'homme voudrait s'envoler comme un oiseau, mais il va jusqu'au bout de la branche en voiture...

L'Œdipe

Je veux bien donner mes organes mais que ça soit greffé à un animal !

Les Nouvelles

Les huîtres, elles naîtraient comme nous, ça serait un peu moins chiant à ouvrir !

L'Océan

Le bouddhisme, c'est farfelu.

La Barque

Pour le pou, le shampooing aux œufs, c'est du gâteau !

L'Occasion

Le gaz, ça a la même odeur que les fuites.

Les Nuages

Les cannibales mangent de la viande humaine ; du coup, ils chient de la merde humaine.

Les Obus

Si Dieu avait eu une fille, ils auraient pas osé la crucifier, ils l'auraient mise en pension.

Le Ni Ni

Verlaine, s'il se défonce à l'absinthe, c'est son problème, du moment qu'il conduit pas.

Chez Nicotine

Les animaux du cirque envoient la moitié de leur paye en Afrique.

La Muscade

Après une semaine de vie quotidienne, c'est plus de la vie quotidienne, c'est de la vie hebdomadaire.

Le Losange

Si on arrive à voyager dans le temps, cons comme on est, on partira tous en même temps, et faudra cinq heures pour aller dans dix minutes !

Le Pot de terre

Et pourquoi dans les cafés y'a jamais la période des soldes ?

Les Jockeys

Des fois, la solitude, on se dit que c'est mieux que la foulitude.

Les Laboureurs

La plus grande arnaque de tout le vingtième siècle, c'est le poulet fermier !

Les Inventeurs

Guernica, sur le couvercle d'une boîte de chocolats, ça donne pas tellement envie d'en manger.

Incognito

Les gros camions des PTT, ça fait américain.

Les Héros

On ne fait pas d'humanitaire chez les bêtes.

Le Guépard

Le très très très vieux vin, ça se garde pas.

Les Héritiers

Le vin chaud c'est pas pour boire, c'est pour se réchauffer, c'est la bouillote des vignes.

Le Pot au lait

Quand on voit des éléphants au zoo de Vincennes, alors que y'a déjà pas assez de logements pour nous...

Le Kamikaze

De l'environnement, il n'y en a quasiment plus dans les environs...

Le Jumelage

Je veux bien devenir une décharge si c'est bien payé.

Le Jeu de mots

Vingt mille lieues sous les mers, en kilomètres, ça fait combien ?

Le Journal

Si on mange pas du cheval, le cheval va disparaître.

Les Fusains

Lui, il fait tous les bistrots et il emmerde tout le monde, c'est un serial casse-couilles.

Le Lendemain

L'oiseau le plus évolué, c'est la plume d'oie.

Les Cinq Lettres

Les Étrusques, à part faire des vases, je vois pas ce qu'ils ont fait, ceux-là...

Les Jumeaux

Un apéritif se sert en regardant le client dans les yeux.

Lux Bar

Le pape, c'est une ampoule, à côté de l'abbé Pierre qui est une bougie.

Le Pot de fer

La pizza c'est bon quand c'est dégueulasse, sinon c'est pas de la bonne pizza.

Le Lumignon

J'écoute pas les hommes politiques, je me fais mon opinion tout seul, et ça m'empêche pas d'avoir la même opinion que tout le monde, au contraire.

Le Lyonnais

Qui peut le plus peut le moins, et qui peut le moins peut le encore moins.

Loto Bar

Celui qui cherche aux emplacements des avalanches pour trouver des bonnets, c'est un charognard.

Les Graffitis

Tu fais une croix au couteau
sur la pointe d'un suppositoire,
il explose à l'intérieur !

Le Glorieux

Le plus bel exemple à enseigner, c'est les légumes qui ne se font pas la guerre.

Les Lauriers

Les mimes, c'était du temps du théâtre muet.

Les Justes

L'esclavage, dans un champ de fraises, c'est pas vraiment de l'esclavage.

Le Klaxon

Un jour l'ordinateur ira à la messe, le curé lui mettra la disquette sur la langue pour communier.

La Joconde

Attila, partout où il est passé,
ça a repoussé...

Au Clair-obscur

Je préfère que les gens se plaignent
de moi plutôt que je me plaigne
des gens !

L'Ode

Les glaçons en bonne santé ont le nez
froid, comme les chiens.

Bar nouveau

Quand ça sonne, je n'ouvre pas,
comme ça, si c'est un étrangleur,
il va étrangler ailleurs.

Le Clair de lune

Et sur une formule 1,
où tu mets les valises ?

L'Œil

Dans les camions de transport de fonds, les mecs peuvent faire des pokers si ils veulent.

Le Nouvel An

Ce qui est dommage, avec le poisson, c'est qu'on peut pas en faire de la confiture quand ça se vend pas.

Le Casse-noix

Moins ils ont à faire, plus ils se lèvent tôt, ces cons de retraités.

La Bonne Note

Le Louvre, ce que ça représente en pots de peinture, c'est inimaginable.

Le Beau Navire

L'homme marche debout, mais plus les siècles passent, et plus il marche assis !

N'importe quoi

Les pygmées, tu leur fous une machine à café dans un carton, ça leur fait un bureau.

L'Arche de Noé

Les rillettes, c'est qu'une sorte de plancton.

Les Moqueurs

C'était presque un dialogue de muets, tellement c'était un dialogue de sourds.

Les Noceurs

Même en vacances un flic reste un flic ; même en vacances, un flic picole.

Moustique

Avec les inondations, y'a des poissons qui prennent l'autoroute.

La Nonne

À la première seconde de l'Univers, c'était pas le moment de sortir.

Chez Nous

J'ai vu une émission sur l'alcoolisme, ça m'a donné envie de boire tellement elle était bien faite.

Le Nombril du monde

Si la vie disparaît de la Terre, il restera toujours des photos.

Le Microbe

Je suis pas un génie parce que ça m'intéresse pas.

Minuit Bar

Le mieux, pour la pêche française, ça serait encore d'interdire le poisson dans les autres océans.

Le Tour du monde

Moi, les oiseaux mazoutés, je les fous dans mon moteur !

Les Mobiles

Du temps de ma génération à moi, on regardait beaucoup la radio.

Le Chapeau melon

On aime Céline parce qu'il écrit bien, heureusement que Hitler était pas un grand peintre !

Chez Mathusalem

Ils en connaissent, les pauvres, des trucs tristes pour faire la fête.

Le Beau Masque

Au Mexique, pratiquement tout se fume.

Aux Menteurs

J'ai pas une bonne mémoire, quand je me souviens d'une image, ça fait document amateur.

Le Message

L'ancêtre de la voiture, c'est la marche à pied.

Pleine Lune

Le paradis, c'est une bonne idée.

Les Lords

Le commerce planétaire, je sais pas où il est, mais ça ferme à huit heures en bas de chez moi !

Les Lunettes

Le FBI, la CIA, tout ça, ça vaut pas la gendarmerie.

La Main d'or

Du patinage artistique à la télé,
non mais dites donc,
on est pas au pôle Nord !

Lys Bar

Si l'intelligence artificielle fait une connerie, c'est pas grave, c'est une connerie artificielle.

Le Lapin blanc

Le pou ne va pas sur la perruque, alors que le touriste va à Monaco.

Le Lion curieux

Il y a des bébés qui s'appellent Simone...

Bar du lycée

L'Italie aime bien l'armée, rien qu'à voir la forme de la botte.

Le Libre Penseur

La Terre arrête pas de bouger, alors finalement, on est comme des Gitans dans l'espace.

Le Lézard

La mine de sel, si tu creuses trop, c'est trop salé.

La Liberté

Moi aussi, j'ai été jeune, alors les jeunes, je les comprends, mais pas ceux d'aujourd'hui...

Nostalgie Bar

On n'en a plus des grands journalistes comme Shakespeare.

Café Nil

Les cons, ça me dérange pas, y m'en faut plus.

La Noce

Il mange tellement salement que c'est de l'art vivant !

Le Nouveau Monde

Mais tous ces imitateurs, ils ont pas de voix à eux ?

Café Mode

Ceux qui travaillent dans les mines de sel, à la pause, ils mangent la soupe en surveillant le plafond !

Le Miracle

Si tu mélanges toutes les races, tu vas obtenir quoi ? Un Noir qui mange du couscous avec des baguettes en buvant du vin rouge !

La Minute

Passé un certain âge, on ne sort plus dehors quand les bancs sont mouillés.

Au Bon Moment

Le plafond de la chapelle Sixtine, ça ferait une jolie gare.

Le Monarque

Moi, de la pub, j'en mettrais à l'intérieur des gens aussi.

La Momie

On vend des armes aux Africains, mais ils finissent toujours par se tuer à coups de machette !

Les Modèles

Avec une bagnole en caoutchouc, si tu as un accident, tu rebondis, mais après on te retrouve plus.

Modeste Bar

À New York, tous les taxis sont jaunes, tous les chauffeurs sont noirs.

Le Missionnaire

L’esprit des motards, c’est ce qui est dans le casque.

Le Miroir

Il est mort dans la pleine force de l’alcoolisme.

Midi pile

Dans les files indiennes, t’as jamais d’Indiens.

Au Gibier

La larme, c’est ce qu’on appelle le malheur de proximité.

La Gitane

Il a des fausses dents et un anus artificiel, il est mangé aux deux bouts comme une baguette.

Au Jet d'eau

Rabelais parle très bien du caca, mais c'est quasiment le seul.

La Girouette

À l'ère glaciaire, ta glacière avait la dimension d'une ère.

Le Géomètre

La « campanule » c'est un nom de fleur, mais avant tout c'est un nom de bistrot !

Le Gaulois

Tous les cimetières sentent bon, alors que des fois, t'oublies un truc dans le frigo, bonjour !

Les Merveilles

Le plus dur, dans le casque à plume, c'est comment qu'elle tient, la plume.

Café Mesure

Maintenant c'est des salles minuscules, tu manges un esquimau, tu vois plus l'écran.

Le Meilleur

Si on nous avait dit que l'Afrique du Sud deviendrait noire, on l'aurait pas cru.

Aux Matelots

À deux mille francs par mois, tu verrais que les pilotes de F1 rouleraient moins vite !

La Mémoire

Du rosé j'en bois, et du blanc, j'en consomme.

Les Trois Marches

Elles sont toutes racistes, les mères.

La Marmotte

Le cartel de Medellin, c'est pas pire que la Française des jeux.

Le Loup blanc

Y'avait des putes à tous les carrefours, et ils ont mis des ronds-points...

À la Mesure

Le petit bonhomme Nicolas, c'est un Jésus qui est pas cloué, on ne peut pas avec les bouteilles qu'il a dans les mains.

Les Métiers

Quand on lit, c'est bien, on pense à rien.

La Marotte

Moi j'aime pas beaucoup les pays où y'a pas de poignée aux portes.

La Méthode

Avec de Gaulle, on aurait pas du porno à la télé !

Le Mérite

Je me rince pas la bouche, comme ça, le dentifrice agit dans le bus.

Les Merveilles

L'argent sale, c'est pas pire que la pauvreté sale.

La Marine

Une fenêtre par habitant, comme les moules.

Chez Plouf

Le cochon, il a tellement de côtes, c'est un continent en viande...

Les Gauloises

En France, l'après-guerre,
c'était du vin blanc
et des maçons
qui sifflotent, mais en Irak,
ça sera quoi ?

L'Abat-jour

Avec l'argent de la drogue, tu pourrais t'acheter dix fois l'argent du pinard.

Le Folichon

Il est con comme la lune,
et jamais une éclipse !

Le Candide

Le cœur ne se repose jamais,
mais le foie non plus.

Bar du carillon

L'homme a pas marché sur la Lune, c'est les Américains qui ont marché sur la Lune, l'homme, il a regardé les Américains marcher sur la Lune à la télé.

Au Lever du jour

C'est bien pour un vieux punk de garder son vieux rat.

La Foudre

Ils ont des bateaux marqués Primagaz, mais au milieu de la mer, personne lit les noms, c'est pour les cons du départ et de l'arrivée !

Les Aristos

Le retour, c'est l'aller, mais en verlan.

Les Aventuriers

Quitte à se suicider, alors,
autant tuer quelqu'un.

La Mer à boire

Gulliver ne met pas
des lunettes de soleil,
il se met deux nuages
là et là.

Aux Anciens

C'est pas moi qui prendrais
mes vacances dans le désert,
faut boire sa pisse.

L'À-peu-près

Au moins, au théâtre,
les acteurs sont pas aplatis
sur le mur.

L'Apéritif

Pour certains pays comme l'Afrique, le plus dur, c'est pas de marquer des buts au football, le plus dur, c'est de faire pousser la pelouse.

Le Cappuccino

Quand on est moche on va à la montagne, pour pas se mettre en maillot de bain.

Le Prestige

Le problème avec les matchs à la télé, c'est que le stade a la taille de la télé.

Chez Bla-Bla

Le sifflet ne fait pas peur, l'arbitre aurait plus d'autorité avec une sirène comme la police.

Les Fonctionnaires

La couleur des rideaux, normalement, c'est aux voisins de la choisir !

L'Hacienda

L'intellectuel fait caca, et il lit pendant.

Adam Bar

Le rhum dans le baba, c'est la cerise dans le gâteau.

L'Accordéon

Les nuances, c'est des coups à plus s'y retrouver.

L'Affiche rouge

Je ne sais jamais quoi dire, et c'est pas pour ça que je me tais !

Au Bel Âge

Mao, on lui doit le chinois.

Les Amoureux

Le courrier, c'est un coup de
téléphone qui part à pied.

L'Amiral

Si Michel-Ange avait peint
une casquette, on l'appellerait
la casquette Sixtine.

Les Amis

Platon, c'est un homme,
Marx c'est un homme,
Sartre c'est un homme,
Heidegger c'est un homme,
Hegel c'est un homme,
Kant c'est un homme, Socrate c'est
un homme, la philosophie c'est plutôt
un truc d'homme.

La Franchise

Personne peut arrêter un gars d'EDF qui va au bistrot ! Personne !

Les Athlètes

Le scorpion, il se coiffe, il est mort !

Bar de l'avenue

Le chien remplace les yeux de l'aveugle, quand l'aveugle se met le doigt dans l'œil c'est comme si il le met dans le cul du chien.

L'Aurore

Dans tous les pays t'as des cons, les grands voyageurs sont réputés pour connaître des milliers de cons.

Le Franco-Belge

La lumière va plus vite que le son, c'est pour ça que dans la lumière, t'as pas la musique.

Chez Riton

En plus de l'école, on avait les dictons sur les gaufrettes.

Thalassa

La plus grosse invention de la science, c'est la subvention.

Le Champ de foire

Il travaille aux chèques postaux, comme Saint-Exupéry.

L'Andalou

Tu soulèves l'Afrique, dessous y'a plein de bestioles...

Les Trotteurs

Ils ont rajouté le Grand Louvre, parce que le petit, en dix minutes, on a tout vu.

Le Derby

Pire que le bain de sang, c'est la douche.

La Chaumine

Les enfants, faut les avoir jeune, mais les animaux, faut les avoir vieux.

Le Champ de tir

La vie, c'est court, et pourtant, une heure, c'est long...

Clovis Bar

Walt Disney, il travaillait avec sa femme, comme une sorte de Marie Curie.

Le Pigeon voyageur

Quand t'as rien bu et que tu pisses, tu pisses quoi ?

Le Cocon

L'effet de serre, c'est bien, on aura des belles tomates !

Le Quotidien

Les pharaons avaient pas que des qualités, mais aucun a été mis en examen !

Le Mazagran

C'est quand le singe est sorti de l'eau qu'il est devenu un homme...

Le Franc

Chez les voyants, on peut communiquer avec l'au-delà, mais ça fait cher de l'unité !

Au 421

Le champagne est une boisson de fête, contrairement au mousseux, qui est une boisson de départ en retraite.

Bar de l'ambiance

Quand on voit la technologie des nouveaux voiliers, on se dit que le vent y sera bientôt fabriqué en usine !

La Truite

Le beaujolais, c'est un vin à visage humain.

La Foule

Souvent les gens finissent pas les livres, ils écriraient pas la fin, personne s'en rendrait compte !

La Crémaillère

C'est toujours les cuisines qui sont inondées par les rivières ; les garages, c'est par les fleuves.

La Fourmilière

L'eau de mer, c'est de l'eau qui est toujours en vacances.

La Base

Tomber enceinte,
tomber enceinte,
comme si enceinte
c'était un escalier !

La Fourchette

Celui qui a inventé l'alphabet,
il aurait pu mettre plusieurs E,
on n'arrête pas de s'en servir.

Le Forgeron

Il faudrait que tout le monde
se présente aux élections,
qu'on puisse choisir
comme à la grande surface,
plutôt que trois cons,
comme à l'épicerie
d'à côté !

La Gentiane

Le sang, c'est personnel.

L'Exode

On est moins protégés que les animaux ! Prenez le métro avec de l'ivoire, vous allez voir si on vous protège comme les éléphants !

La Forêt

Le cartable, c'est la rentrée des classes, le tonneau, c'est le beaujolais nouveau, chaque date a son objet fétiche.

La Casaque d'or

L'intellectuel il a une main dans la tête, et le manuel un cerveau dans la main.

Les Abeilles

Jésus est né le 25 décembre, c'est un Capricorne, du coup.

L'Académie

Je ferais un bon critique gastronomique, puisque je mange de tout.

L'Accent

On avait le camembert Président, maintenant on a un président qui est un camembert !

Les Acteurs

Quand tu fumes de la drogue, après dans la maison ça sent la drogue froide.

La Belle Affiche

L'océan Atlantique, un jour, il aura un sponsor, les jours de tempête on dira : « Primagaz est en colère ! »

L'Alchimiste

Dans les mathématiques, tu as un gros facteur chance, aussi.

Aux Antipodes

Tout ce qu'on dit, on pourrait dire le contraire...

Les Anarchistes

L'Islam, j'ai rien contre, mais je ne suis pas pour...

La Gibole

Un imitateur sur une île déserte, il devient fou !

Fantasia

Dans le désert, toute la vie se passe sous les cailloux,
comme à la Défense.

Les Anonymes

Un con sur la Lune, tu le vois, avec un bon télescope.

L'Arc de triomphe

La drogue, ça ne fait pas chanter.

Fraternel Café

Si un jour on habite sur la Lune, moi, je veux un balcon !

Au Feu d'artifice

À force de boire, les facteurs, ils ont une forme de boîte aux lettres.

L'Arc-en-ciel

Le malheur à la maison, ça fait une bouche de plus à nourrir.

Les Avertis

Le meilleur antivol de bagnole, c'est de la merde sur les poignées.

Bar de l'avenir

C'est l'estomac qui devrait faire les courses !

L'Avant-dernier

Moi, je dis des conneries, mais au moins je dis pas de banalités !

Les Archers

L'art le plus utile, c'est quand ça décore les gâteaux.

Les Frangins

La religion la plus tolérante, c'est l'horoscope.

La Bonne Adresse

Celui qui traverse l'Atlantique à la nage, ça sera un grand sportif, mais ça sera surtout l'homme qui a le plus de fois pissé dans l'eau !

Au Guidon

Les animaux lisent pas ; sinon, le journal de la veille, ça suffirait pour eux.

Au Nez creux

Moi, je prends le calendrier des pompiers, je suis sûr que les jours sont bien faits !

La Bonne Affaire

Moi, les peintures, si le cadre est moche, je ne vais pas plus loin...

Les Ambitieux

Retirez les coquelicots à Monet, il ne reste qu'un peintre en pelouses.

Café Cartouche

L'ADN fait des hélices comme des nouilles, on en a tous, même les connards.

Les Zygomatiques

Le pire ennemi de la télé, c'est la paupière.

L'Ambiance

Tant que tu rigoles en buvant, c'est que t'es pas alcoolique.

Le Pigeon voyageur

Dieu est lumière, mais on connaît pas le voltage !

Le Furet Bar

Entre les meubles de jardin
et les bancs du square,
y'a deux ans de chômage.

L'Alphabet

Dans l'âme, t'as pas d'humour,
alors que dans l'esprit, t'en as.

Les Remous

Ma famille, c'est mon coude.

Peau-d'âne

Dans la conquête de l'espace
le premier arrivé se garde les étoiles
pour lui.

L'Almanach

Les pompiers n'ont que des
globules rouges !

L'Alligator

Les cons, à l'autopsie, ils sont comme les autres, sauf que la famille qui attend, c'est une famille de cons.

Les Vingt Vins

L'huître ne fait pas grossir, c'est du gras d'eau.

L'Alibi

Les spermatozoïdes des cyclistes ont des numéros dans le dos.

L'Amérique

Le capitaine coule avec son bateau, le médecin meurt avec son malade !

L'Avant-garde

La vie de tous les jours, c'est de la vie genre plateau de la cantine.

La Musette

Henri VI, Marcel Proust, tout ça,
c'est du pareil au même.

L'Authentique

Les fruits et légumes sont souvent
plus utiles que les animaux !

La Fuite

Faire le bonheur des peuples, c'est
beaucoup, alors qu'ils fassent déjà
le bonheur des gens !

Les Avertis

Les Japonais ont des soupes, on dirait
des labyrinthes.

La Trimballe

Le téléphone portable,
l'ordinateur portable,
le porteur revient à la mode.

La Maïs

Se faire toucher les fesses à l'ANPE, est-ce que c'est du harcèlement sexuel au travail ?

Le Sans crédit

Le pire écart de salaire, c'est un mois entre deux paies.

Les Brumes

Le soleil, c'est une sorte de contre-pouvoir à EDF.

La Grève

Enterré vivant, c'est déjà mieux qu'enterré mort !

Trois Corneilles

L'oiseau apprend à faire son nid à l'armée.

Café Pirouette

Si tous les bistrots ferment, tant pis, on s'accoudera les uns sur les autres.

Les Deux Paires

Plus tu vis longtemps et moins ça te fera du temps à être mort.

Au Jardin derrière

Certains poissons vivent sous les noyés parce que, pour eux, ça fait comme un radeau.

La Chaise longue

Pourquoi douze est devenu une douzaine et onze est rien devenu ?

Les Iris

Tout ce qu'on rend à César depuis que César est mort, c'est impensable !

La Barque

Le lapin est son propre pâté.

La Flottille

Un jour, on ira aux champignons sur Internet.

Café Gustave

On vivait dans les environs de Paris, maintenant, on habite en banlieue, et tout ça sans bouger d'un mètre !

La Rondelle

L'alcool est le plus taxé de tous les sports.

Au Cul de poule

Je n'ai jamais voté, et pourtant, on n'a jamais manqué de président de la République !

L'Abondance

Quitte à apprendre l'anglais, autant que ça soit l'allemand !

À l'Abordage

Tu me fais un sondage sur ce que je bois, je dis que je bois pas, alors leurs sondages, moi...

Au Pense-bête

Faut être con pour calculer son QI...

L'Incisif

Pourquoi les statues marchent sur les pelouses et pas nous ?

Les Dés jetés

De la faune, de la flore, tu as les deux dans le bifteck-frites.

Mieux qu'en face

J'aimerais bien avoir des pieds plus grands, j'adore les chaussures.

La Royale

Il n'y a plus de grand penseur, et en province c'est pareil.

Le Mistigri

L'intelligence se voit dans l'œil parce que c'est le trou le plus près du cerveau.

La Sandale

Dans les magasins de souvenirs, souvent c'est des choses qu'on garde pas.

La Petite Folie

Tu peux chier dans un étui à violon, tu refermes, tout le monde croit que tu transportes une mitraillette.

Le Berger

Les auteurs modernes font des livres tellement petits qu'on ne peut plus mettre des fleurs à sécher dedans !

Au Tricolore

À Pompéi,
les hommes, les chiens,
tout est en terre cuite.

Le Trésor

Les plans de Venise sont classés cartes maritimes.

Le Tout-Puissant

Entre le paysage et le pinceau, il y a le peintre, comme un barrage de gendarmerie.

Les Princes

Les bras ne sont jamais debout ou assis, les bras sont toujours pareils, alors que les jambes connaissent beaucoup de changements.

L'Expert

Dans une mouche,
y'a pas les deux blancs.

Au Saute-mouton

Ça dessoûle de conduire !

Les Sénateurs

Les abeilles trouvent les fleurs
par le bouche-à-oreille.

Au Sourire

Dans les très très vieilles bouteilles,
le bouchon a plus sa tête.

Père et Fils

Le grand peintre, quand il est dans son atelier, on ne le voit pas, il est comme un insecte dans le feuillage.

Les Fées

Le latin, ça parlait que de médicaments.

La Fausse Monnaie

Le seul avantage du chômage, c'est qu'on travaille pas.

Les Riches

Les vétérinaires sont pas meilleurs cuisiniers que les autres.

Rigolo Bar

Tout ce qui touche à la création, c'est le Vatican qui prend les droits d'auteur.

La Rêverie

Il est mort, il monte au ciel, il redescend, il en a fait des trucs Jésus pour qu'on ait des vacances !

Le Familier

C'est triste, la purée qui refroidit...

Le Robinet

Il tient son bistrot comme Wagner tellement il gueule tout le temps !

La Retraite

Le cheval a pas de frein qui se voit.

Sans rival

Elle parle comme un livre, pour l'écouter, faut mettre des lunettes !

La Question

Le héron vit tout seul, c'est pour ça qu'il est beau.

Le Raccourci

À l'école, j'ai rien appris, et ça me sert encore.

Les Vendanges

En prison, t'as le temps, mais t'as que ça ; dehors, t'as pas le temps, mais t'as tout le reste...

Les Universités

Au bistrot, je préfère les rugbymen, mais à la télé, je préfère le tennis.

Les Quatre Vents

Le compas, l'équerre, le rapporteur, c'est la cuillère, la fourchette, le couteau, chez les mathématiques.

Vite !

Le riche a pas d'origine sociale,
il a de l'hérédité.

Les Voyelles

Chez les pauvres, une belle armoire
vaut armoiries !

Les Zazous

Si Jésus revient, ça va être conférence
de presse sur conférence de presse !

Le Bouilleur de cru

Les Indiens mangeaient du bison, un
peu de poisson, alors elles viennent
d'où, les plumes ?

Les Barbus

Plus c'est petit, moins ça se voit ;
sauf le nain, plus il est petit,
plus on le voit.

Le Trombone

Dans le Midi, on boit pas l'apéritif sous les platanes, c'est les platanes qui poussent sur l'apéritif...

Le Privilège

La crotte de nez ne fait pas un bon engrais.

La Pomme de terre

La première chose à faire pour jouer du piano, c'est soulever le couvercle.

Le Possible

Le plus gros cul c'est pas le vacancier, c'est l'estivant !

Le Treize

Les soirées inoubliables, je me fais toujours chier !

Le Billet doux

Les patates c'est pas des légumes, c'est des nouilles.

Don Juan Bar

Pour moi, le caniche, c'est pas un chien, c'est un champignon !

Droite Gauche

On est habitués aux bruits de bottes mais attention, faut faire attention, parce que le Front national, ils mettent des chaussons !

Le Dromadaire

Tu es propriétaire de ton corps mais avec le sida, tu passes locataire...

Le Casanova

Quand les chevaliers s'éraflaient l'armure, ils ne faisaient pas de constat comme nous maintenant.

Le Divin

Les muets disent plein de conneries aussi, mais c'est avec les mains, comme les sculpteurs.

Les Fidèles

De mon temps, j'étais jeune !

La Félicité

Une salade qui sait nager, c'est le cresson.

L'Ours blanc

Les prunes dans l'eau-de-vie, c'est aussi efficace que les momies égyptiennes.

Les Omnibus

Dix minutes avant de sortir du ventre de sa mère, le bébé range tout.

Le Bagatelle

Aux pompiers, on leur doit une fière chandelle !

La Belle Ouvrage

Ceux qui se branlent le plus vite, c'est les anciens batteurs.

Bouddha Bar

Les étoiles qui sont au-dessus de la France devraient appartenir à la France !

Le Trou normand

Pour un cannibale, un top model n'a pas de goût !

Le Travers

La pendule à coucou est un objet vivant...

Les Saltimbanques

Une belle truite, c'est musclé, c'est un biceps dans l'eau !

Le Sac à malices

Les enfants sont imprévisibles, ils jouent, ils vieillissent et puis ils meurent.

La Tribu

Plus les maisons sont moches, plus le son de la télé est fort.

Café Tango

Chef d'orchestre, t'es tout le temps debout.

Bar des tennis

On meurt, tout de suite les asticots sont là, c'est la plus proche famille !

La Tigresse

L'endroit le plus silencieux du corps humain, c'est sous les bras.

Le Sous-marin

Le comptoir, c'est l'horizontale parfaite, dans une ville c'est la référence de tous les maçons !

Le Mainate

L'endroit où il y a le plus d'intelligence, c'est pas à la bibliothèque, c'est dans le potager.

L'Arrière-cour

Si on pétait qu'une fois par an, ça deviendrait une fête de famille !

Le Dé à coudre

Vous trouverez pas plus propre qu'une bulle de savon.

Les Coquins

Les crimes contre l'humanité, tant que c'est pas contre nous...

L'Alambic

À pied, on peut faire le tour du monde, alors qu'en voiture on aurait pas l'idée.

Les Crayons

La grotte de Lascaux, c'est un atelier d'artiste de l'époque, mais sans la mezzanine.

La Conversation

La télé, t'allumes, il y a toujours quelqu'un, comme avant la concierge quand tu rentrais tard.

À la Bonne Conduite

Les danseurs classiques, ça leur fait une grosse boule aux couilles, et ça c'est plutôt moderne !

L'Espoir

Une demi-heure pour boire un demi, pas étonnant qu'il trouve pas de boulot !

La Concorde

L'avenir, je préférais celui d'avant...

Les Cosmonautes

Après la mort, l'esprit se sépare du corps, mais chez les cons, ça se décolle pas bien !

L'Échafaud

Les pauvres, quand ils sont à l'hôtel, ils font leur lit.

Les Électeurs

On vend des armes à tout le monde, alors pourquoi tout le monde nous vendrait pas de la drogue ?

L'Apesanteur

L'avantage du cybermonde, c'est que le jeune reste dans sa chambre.

L'Effronté

Je préfère encore une mère moche qui rentre qu'un père beau qui est pas là !

La Surprise

Les Incas faisaient du bien meilleur café que nous !

Pendule Bar

C'est beau les chats, ils réfléchissent et ils le gardent pour eux.

Le Passé simple

À la pêche, piqués par des moustiques, on est des martyrs de la paix !

La Pêche à la ligne

Une eau minérale qui a traversé les Alpes fait forcément des dégâts quand elle passe dans les reins...

Chez Personne

Un volcan éteint, tu balances une clope dedans, rebelote !

Le Pataquès

Le cerveau doit être constamment irrigué, mais il ne faut pas que ça déborde non plus !

Les Célibataires

Un bébé, c'est bien que ça soit petit parce que c'est laid !

Le Chameau

La choucroute est un légume d'aujourd'hui.

Le Tribunal

Je ne connais personne qui prend des antibiotiques le jour du beaujolais nouveau, et ça, c'est bien pour la Sécurité sociale.

Le Petit Tambour

Je suis comme saint Thomas,
je bois ce que je paye !

Le Tendre

Être ou ne pas être, voilà la réponse !

Le Capricorne

Pour chanter l'opéra, il faut être gras, ça fait résonner la voix comme quand tu joues de la trompette dans l'eau.

La Tempête

Midi pile, c'est le pic du Midi
de l'heure !

Le Baromètre

Après la douche, j'ai les couilles, on dirait les Beatles !

Le Grand Boulevard

Toutes les tailles de chaussures devraient être au même prix, on ne choisit pas ses pieds !

Le Dinosaure

Il y a certains nuages qui ne pleuvent jamais, ils ne servent que pour la vue.

Café de la danse

Le vrai montagnard a une relation privilégiée avec son bonnet, quand il le perd, il est malheureux, quand il le retrouve, il est heureux.

La Table de multiplication

Le petit déjeuner, c'est le repas le plus important de la journée, c'est pour ça que je bois du blanc...

Le Défilé

La couille la plus virile, c'est la noix de coco !

Les Catcheurs

Avec l'échographie, tu peux savoir si c'est une fille ou un garçon, mais pour savoir si c'est un Français ou un Anglais, il faut attendre que le gosse commence à parler.

Droit au but

Le vent, par chez nous, c'est une girouette...

Le Distrait

Les vieux, c'est toujours équipé.

L'Œuf et la Poule

Tout le bas du corps, on est faits comme les animaux.

Café Optimiste

La tour Montparnasse, vous avez autant de caves en dessous.

L'Ouvre-boîte

La Noël, c'est la plus belle fête du calendrier, après le prix de l'Arc-de-Triomphe !

Les Trois Vœux

Le Père Noël, j'aime pas la couleur rouge, mais c'est pas important, c'est pas pour boire.

Le Yankee

Quand il est saoul, il se guide à l'éclairage public, comme les anciens navigateurs.

L'Œil

La neige, c'est silencieux ; un chanteur dans la neige, on ne l'entend pas.

L'Union Bar

L'huître, elle est juste à la taille de la coquille, il n'y a pas de place en plus pour recevoir des amis...

Les Vauriens

Le foie gras est une maladie du foie, mais avec des truffes.

Les Cœurs vaillants

La langouste, c'est une sorte de Alien mayonnaise.

Le Ver luisant

Les huîtres, c'est bas de plafond.

La Botte rouge

La bulle de champagne, c'est la mieux habillée des bulles.

Le Bilboquet

Jésus est né le jour de Noël, ça lui fait le même jour sa Noël et son anniversaire !

La Tabatière

J'en mange pas de l'oursin, on dirait du sida !

La Désirade

La neige, ça fait comme un manteau blanc, et des fois, y'a une file de randonneurs qui chient, ça fait les boutons !

Le Talleyrand

Les cuisses de grenouilles, faut bien les laver, sinon ça sent les pieds

Notre terre

Dans un ange, pareil, t'as deux cuisses et deux blancs.

Le Tiercé gagnant

Le cerveau, c'est de la moelle, mais bien présentée.

La Balançoire

La pyramide du Louvre c'est très futuriste, sauf que dans le futur ça sera cassé !

Les Tragédiens

On peut travailler avec un cancer, à condition d'avoir un travail !

Bar des candidats

Les seuls qui mangent encore du poisson le vendredi, c'est les oiseaux de mer !

Le Café au lait

Le pire, c'est la solitude, tu fais toujours une tonne de nouilles en trop.

La Paille et la Poutre

Les vieux, ça ne sert à rien de les mettre au soleil, le soleil passe à travers.

Le Sabre

Les papilles de la langue seront toujours les premières servies !

Pair et Impair

Les plus beaux tatouages, c'est les vitraux de Notre-Dame !

L'Éclipse

Les vieux ont des grandes poches.

Le Sur mesure

Pour acheter des conneries qui servent à rien, la fausse monnaie, ça suffit bien.

Colombine

Ils font des greffes de foie de porc sur des humains, c'est au point, et la Sécurité sociale a pas à gueuler, le foie de porc, c'est quinze balles !

La Providence

Un fleuriste, toute la journée, il a la tête pleine de fleurs.

Le Sahara

Le métro aérien c'est quand même pas l'avion, il n'y a pas le plateau-repas.

Chez Patate

Les anges n'ont pas de sexe, et ils n'ont pas de trou du cul non plus, puisque ça va ensemble.

Le Prochain

C'est la même mémoire qui sert pour les numéros de téléphone et les camps de concentration.

Les Rhinocéros

Les États-Unis n'ont pas de passé alors que nous, n'importe quel fromage, il a toute une histoire !

Rock Café

Paulette, ça replaira un jour, c'est cyclique !

Le Bottin

Pourquoi les pédés vivent chez leur mère, logiquement, ils devraient vivre chez leur père.

Le Trône

Les enfants sont plus vieux qu'avant.

Les Prolétaires

Avec la drogue en vente libre, le drogué pourra faire son Loto chez le tabac de drogue.

La Tortue

Les gens n'aiment plus réfléchir !

Le Snob Café

Au « Baby-boom » d'après-guerre a correspondu un « Apéro-boom » puisque tous les bébés ont commencé à picoler en même temps !

Le Soldat inconnu

Les machines ont remplacé ceux qui travaillent, mais un jour elles remplaceront aussi ceux qui ne font rien..

Les Grands Écoliers

Tailler ses crayons, c'est l'enfance de l'art.

Le Scaphandre

La philosophie dans les cafés, la violence dans les lycées, c'était mieux avant quand c'était le contraire !

La Bonne Soirée

Le mongolien est heureux en HLM.

Les Vagues

Les vaches sont pas racistes, et pourtant c'est pas les races de vaches qui manquent !

Le Venise

L'ortie, ça pique pour se défendre, mais ça n'attaque pas !

L'Ulysse

On verrait en noir et blanc, on serait tous obligés de faire des jolis dialogues !

Le Veau d'or

Je mange, je bois, je travaille pas, je fais le ramadan à l'envers !

Le Verre plein

Vous posez un avion par terre, tout de suite ça attire les autres avions.

Le Best-seller

La société la mieux organisée, c'est le plateau de fruits de mer !

Le Bourdon

Le travail n'a plus de valeur, c'est pour ça qu'il y a un retour du bricolage.

La Découverte

La couleur des blés, elle appartient pas aux poètes, elle appartient aux paysans !

Le Tableau noir

Le meilleur fusil pour tuer le temps c'est le chat...

Le Bon Diable

Pour opérer du ventre ils pourraient passer par le cul, ça éviterait bien des problèmes de recousue.

La Tradition

Les traîneaux à chiens, ils leur mettent de l'essence dans les boulettes.

Puce Bar

Un oiseau qui fait bien carnaval, c'est le dindon.

Café du siècle

Venise, c'est la capitale de l'humidité !

Le Spécialiste

Manger du bœuf, quand t'es un gros con, c'est du cannibalisme !

Chez l'Espagnol

La viande tendre, c'est de la viande qui a été heureuse.

La Belle Étoile

La viande anglaise est folle, mais de toute façon, une vache qui est anglaise, c'est pas tout à fait normal.

Le Mariage

La viande, ça ramène plein de toxines, sauf le coq au vin, qui ramène plein de copains !

La Corne de brume

Plus vous avez des hommes, et moins vous avez des droits de l'homme !

Tranquille Bar

Quand on se tait, c'est pas la même façon de penser.

Le Torticolis

Le Chinois, c'est jaune et bleu, comme la casquette Ricard.

Le Tire-laine

Avec leurs yeux, les Chinois peuvent pas voir en haut, ils peuvent pas voir en bas, il peuvent voir qu'au milieu.

Bar de poche

Derrière gagner au Loto, y'a pas un miracle de l'Église qui tient le coup !

La Plume

Avec mille chaînes de télé, on regardera que la télécommande.

Le Progrès

Le Danois qui a un cancer du fumeur, ça se bouffe comme du hareng !

Bar des pompiers

Fils de saoul !

Le Postillon

Elle est enceinte et elle travaille, alors normalement le patron doit payer les heures du bébé !

La Carafe

La confiture le matin, c'est le début de l'affection...

Le Souvenir

Ils auraient dû leur donner un bout de l'Allemagne aux Juifs plutôt que les mettre au milieu des Arabes !

Le Trottoir

Je suis un historien de l'alcool, plus qu'un alcoolique...

Pile ou face

C'est quand même grâce au racisme qu'on est blancs !

La Caricature

Il pète sans dire que c'est lui, comme les ventriloques !

Le Clocher

Un cas typique de maladie sexuellement transmissible, c'est la famille.

Le Peau-rouge

Picasso, tout Picasso qu'il était, il signait en bas à droite, comme tout le monde !

L'Épi d'or

C'est le même système que la photosynthèse, les paupières font de la vitamine.

Le Stylo

Franchement, les émissions de télé qu'on regarde, elles sont tellement cons qu'on pourrait les faire !

Le Criquet

L'enfer, c'est thermostat 58 !

La Coquille

L'intelligence du cul, c'est d'être derrière.

L'Économe

Les conventions de Genève, tu parles, c'est la ville du chocolat !

Café du puits

Le plus dur avec un enfant, c'est de choisir le prénom.

L'Écureuil Bar

La révolution Internet, on reste assis, c'est la même révolution que quand on épluche les légumes !

Les Petites Annonces

Des moines trappistes, ça ne s'égorge pas, ça se décapsule !

Le Peuple

L'Amérique, d'accord, la Chine, admettons, mais l'Afrique...

Sympathique Bar

Ce qui manque avec les ordinateurs, c'est de pouvoir mâchouiller le crayon.

Le Squelette

Le cirque de Pékin, il en aura usé des femmes caoutchouc !

Le Béret

Les arbres, c'est pas fait pour s'appuyer !

Dindon Bar

Les hommes préhistoriques, tu leur foutais une télé dans la caverne, ils arrêtaient de faire du feu.

La Brouette

En moto, c'est celui qui conduit qui est le plafond.

Pigeon vole

L'Islam va gagner, parce qu'ils y pensent tout le temps.

Le Progrès

L'argent que l'alcool rapporte à l'État, c'est énorme ; moi cette année, rien qu'en picolant, j'ai payé l'impôt sur la fortune !

Le Calembour

Si les volcans d'Auvergne se réveillent, on perd cinquante fromages !

La Truffe

Les femmes qui font de la politique avec un chignon, moi je dis qu'elles seraient mieux à la maison !

La Cage

Les gens qui sont joignables partout c'est toujours des connards !

Le Solitaire

Pour moi, le cerveau c'est une extrémité comme les autres.

La Pantoufle

Le tramway, ça roule dans la raie du cul de la ville !

Le Sphinx

Le premier mois, l'embryon humain est un poisson.

La Soif

Les microbes qui vivent dans le cerveau, au moins, ils ont de quoi s'occuper !

Le Charabia

On serait pas devenus intelligents comme on est si on avait pas mangé de la viande...

La Carte de visite

Pour les bonnes confitures, il faut un esprit conservateur.

Les Chandelles

Les transports en commun, c'est surtout bien quand c'est pas en commun.

Le Sage

L'école du crime, c'est déjà mieux que pas avoir d'instruction du tout.

L'Exception

Modigliani, c'est des girafes qu'il aurait dû peindre, pas des bonnes femmes !

Le Scaphandre

Tu te branles devant un film porno, c'est comme le karaoké !

Le Code de la route

L'apesanteur, tu peux la poser nulle part.

Les Proverbes

Dans la grande couture, t'as pas toutes les tailles.

Les Petits Cailloux

Incinéré, on devient du marc de café.

Le Cache-cache

Avec une flûte à champagne, on voit tout de suite le genre des doigts...

Le Calendrier

Si ils nous interdisent de manger de la cervelle, c'est pas comme ça qu'on deviendra intelligents !

Le Petit Troupeau

Le foot, ça fait des bras de grenouille.

Le Verseau

Pour faire de la spéléo pendant les vacances, faut pas beaucoup aimer les gonzesses en maillot !

Les Démons

La télé, vieux dedans, vieux devant.

Le Demi-monde

La crotte, c'est la boîte noire du chien !

Les Demoiselles

Le cinéma français, c'est encore plutôt du long métrage.

Les Dès

La machine à laver, c'est le premier enfant du couple.

La Destinée

Le monument le moins lourd, c'est la musique...

Le Talon d'Achille

La grande musique, elle est jamais plus grande que le trou de l'oreille.

Le Diablotin

Au cinéma, quand on s'ennuie, on ne peut pas regarder par la fenêtre...

Le Temple

Avec toutes les cendres qu'ils ont mis dedans, le Panthéon, c'est le plus grand cendrier du monde !

La Campagne

Un père pédophile, c'est pas un exemple pour les gosses !

Le Turban

Les fesses, c'est pas fait pour se promener tout nu, c'est fait pour cacher le milieu.

L'Explorateur

J'ai pas besoin d'un éthylotest dans la voiture, je sais très bien quand je rentre bourré, je suis pas débile !

Le Sablier

Avec un monde comme le nôtre, s'il y en a un autre qui est parallèle, il sera de travers de toute façon !

Social Bar

C'est le Blanc qui a inventé l'égalité, alors il en fait ce qu'il en veut !

La Souris verte

Un homard, on peut pas se moquer du physique.

Le Sentier

Le calendrier chinois, vous n'avez pas des pompiers chinois qui passent vous le vendre à la maison...

Le Sept de cœur

Même réincarné dix fois, je penserai pareil !

Café Songe

Tout ce qui est anglais, c'est les Américains les plus forts.

Le Carnaval

Attention que les pistes cyclables ne soient pas un ghetto !

Bar des champions

Face au soleil, personne est courageux comme le chapeau de paille

Le Cocu

« La mort subite du nourrisson », on dirait un nom de bière.

Le Papillon de nuit

L'homme a son cœur qui arrête de battre et on sait qu'il vient juste de mourir, mais un arbre qui est en train de mourir, comment on sait juste quand il meurt ?

Cocotier Bar

La seule plante qui a le sens des responsabilités, c'est la vigne.

Le Pain blanc

C'est la Terre qui est lunatique, pas la Lune !

L'Égalité

La plus belle nature morte, c'est la ville.

Au Bar public

Les mots, ça veut rien dire !

Bar des philosophes

Bouddha, à côté de Jésus, c'est la mère Sardou.

Le Piédestal

Le premier écologiste, pour moi, c'est Tarzan.

La Pyramide

Les gens qui regardent dans le mouchoir après qu'ils se mouchent, c'est toujours des profs !

L'Électricité Bar

Le pâté en croûte, c'est le cheval de Troie.

La Statue

Le fœtus est plus proche de l'animal que de l'homme...

La Concurrence

On a des taupes dans le jardin, mais certains pays, ils ont des mines !

Le Bon Conseil

Avec Alzheimer, tu te torches le cul, tu crois que tu te fais les cils !

Les Comiques

C'est pas bon d'être un brouillard isolé quand les camions passent...

L'Étranger

Tuer sa mère à coups de couteau à sept ans, c'est une forme de génie.

La Correspondance

Proust, c'était pas Kevin, c'était Marcel...

Les Convives

Les Arabes, en six mois ils ont les papiers, alors que le coco de Paimpol ils ont attendu huit ans pour l'AOC !

Les Cyprès

Le meilleur crottin pour les fleurs, on le trouve après les défilés de la garde républicaine.

L'Escalier

Un mystère de la vie bien pour les enfants, c'est la patate qui germe.

Le Paratonnerre

Ils ont trouvé de l'eau sur la Lune, mais c'était déjà dans *Tintin* !

Le Pays natal

Picasso, dès que tu l'accroches au mur, on dirait un faux Picasso.

Le Peau-rouge

En Afrique, c'est des guerres naturelles, elles servent à réguler.

L'Entonnoir

La nature avait pas prévu qu'on téléphonerait avec les oreilles et pourtant ça a juste la bonne taille pour mettre l'appareil dessus.

L'Éléphant

L'important pour un jeune, c'est de se sentir utile, même en faisant quelque chose qui ne sert à rien.

Studio Bar

La Lune, elle fait la marée, mais la Terre elle fait quoi, en contrepartie ?

Le Succès

On demande toujours aux putes et aux flics pourquoi ils font ce métier, jamais aux dentistes !

Les Complices

Les idiots des villages, maintenant ils sont dans les villes.

L'Éperon d'argent

Bambi, c'est quelle viande ?

L'Entrain

On ne peut pas s'éloigner quand on attend une greffe...

La Sphère

Abandonner son gosse dès la naissance, vous parlez d'un service après-vente !

L'Élégant

Hitler, un truc qu'il a fait bien, c'est les costumes.

Les Compagnons de bar

Les vieux, plus ils perdent leurs neurones et plus ils cherchent leur porte-monnaie.

La Comptine

Il ne faut pas être bien fier pour se faire rembourser des suppositoires !

L'Espérance

L'intelligence artificielle, pour moi, c'est pas un progrès.

La Corne d'abondance

Quand c'est Van Gogh sur la boîte, souvent c'est du grand chocolat.

Les Croisements

Rodin qui épluche son orange, c'est de la sculpture.

La Croix bleue

Le réchauffement de la planète, c'est bien pour ceux qui habitent dehors.

Le Coucher de soleil

L'avantage du sida, c'est que la mienne qui a seize ans, elle reste devant la télé.

La Contrebasse

La plus colorée, c'est la puberté de l'oiseau.

La Paresse

Là où on voit bien la psychologie des collègues, c'est à la cantine.

Bar de la cité

L'échographie, c'est comme si on passe le cadeau de Noël aux rayons X !

Le Citoyen

Le plus beau jour de la vie, ça fait pas beaucoup de jours...

Le Païen

Ils crèvent de faim, mais en contrepartie, ils ont les vacances toute l'année !

Au Parapluie

Les congés payés auront quasiment commencé avec la Terre qui se réchauffe.

Le Paon

Les plantes sont moins cons que nous, elles ont pas une heure de trajet le matin !

Le Cheval-vapeur

La mer c'est joli, mais quand vous êtes au milieu, c'est beau !

Au Cidre doux

On n'utilise que dix pour cent de notre cerveau, le reste, c'est de la cervelle.

Le Cirque

Le plus efficace contre la délinquance juvénile, c'est le riz au lait.

Chez le Chauve

C'est pas les Juifs qui ont tué Jésus, c'est Jules César.

Le Bon Chemin

La muraille de Chine, on la voit depuis la Lune mais on ferait mieux de la voir depuis la Terre.

La Parenthèse

C'est le short qui est raté chez les troubadours des films.

Chez le Patron

Plus les gens sont maigres et plus les plantes sont grasses dans ces pays à la con !

Les Pensées

Le Noir de la ville va écouter du jazz alors que le Noir de la banlieue va écouter du rap.

Les Patriotes

Tu manges ta femme dans une assiette, mais après, qui c'est qui fait la vaisselle ?

Le Passe-temps

Il a intérêt à avoir son slip bien propre l'Esquimau quand il baise dans la neige.

L'Éternité

Le plus grand héros de la mer, c'est le poisson.

Le Conquérant

Tu me feras pas jouer au tiercé si c'est des autruches qui courent !

L'Étincelle Café

Un film sur les insectes, oui, mais avec Delon.

L'Exactitude

À l'origine, tout était original.

Les Contemporains

Les gens qui ramènent des cartes postales du Maroc, c'est souvent qu'ils ont eu peur de se faire voler l'appareil.

Le Contrepet

Le vin rouge, c'est bon pour le cœur, ça a la même couleur.

Les Cyclistes

Vu le prix des tableaux du Louvre, des milliards ! c'est un peu culotté de nous faire payer l'entrée !

Les Cygnes

Une ombre, c'est le soleil, quatre ombres, c'est les grandes surfaces.

Le Partage

Pour crucifier Bouddha, déjà, faut le soulever !

Le Pari

Le plus grand intellectuel du monde, même pour les courses il se fait une liste.

La Pension

Un oiseau comme le paon, il a pas besoin de la télé.

Perle Bar

On ferait moins de gosses, y'aurait moins de pédophiles !

Les Célébrités

Il ne faut pas être feignant pour décapiter à la hache.

Le Châtelet

Un qui a eu une belle vie, c'est Tarzan.

Le Charlatan

Le feu au cul pour une pute, c'est la flamme du gaz pour un cuistot.

Bar du château

On est le seul animal qui prend sa bite à la main pour pisser.

Les Chansons

L'insecte qui hurle, c'est le grillon.

Bar des carrières

Surtout, les Anglais savent pas s'habiller...

Le Chaînon manquant

Il ne faut pas avoir peur d'être con, on a qu'une vie !

À la Chance

C'est compliqué pour une vache de faire pipi, si elle pousse trop fort c'est son lait qui sort.

À la Quinte

Faut le prendre à la pétanque, l'ordinateur !

Le Champagne

Le cinéma porno, c'est un peu le système du gavage des oies.

Nénette

L'intelligence artificielle, c'est gros comme un carré de chocolat, c'est pour ça que c'est pratique.

Les Champions

La femme du grand peintre, elle se dépêche de faire la vaisselle après manger pour qu'il puisse rincer ses pinceaux dans l'évier...

Le Secret

Ce qu'il faudrait pour faire disparaître le chômage, c'est qu'il y ait plus de boulot pour personne.

Le Sauvageon

On critique que c'est l'argent qui dirige le monde mais dans les petits villages c'est pas mieux.

Le Gros Caprice

Le baba au rhum, c'est le loup dans la bergerie !

Les Canailles

On aurait les jardins de Babylone qu'on achèterait encore la fraise espagnole !

Les Fléchettes

Les mères des cons, elles sont toujours enceintes...

Chez Josette

Quand tu roules vite, tu es moins dangereux puisque tu es moins longtemps sur la route.

Le Canari

La meilleure console de jeu quand t'as seize ans, c'est la bite.

Le Porto Flip

Un beau plateau de fruits de mer, il faut que ça fasse Facteur Cheval

Le Thermos

La morale ça s'enseigne, alors qu'avant ça s'apprenait !

Les Légionnaires

Il faudrait mettre en orbite des oiseaux de mer...

La Bonne Ordonnance

Je peux pas faire du nudisme, j'ai une bite de roux.

Le Bon Sens

La merde du résistant elle était pointue, et celle de l'Allemand elle faisait la bouse.

Le Vrai de vrai

Quand on grossit, ça devrait pas se voir, puisque c'est de la vie privée...

Les Girolles

Le trou à la chaussette, ça fait partie de la chaussette !

Le Tarot

Les chômeurs de longue durée, ça aurait fait des bons marins pour Christophe Colomb.

Les Deux Banques

Sur terre on prend tous sa bagnole, je vois pas pourquoi on veut marcher à pied sur Mars.

Le Banquet

Le deuil des mères, on le fait surtout pour les gosses.

L'Oie blanche

Pour briller à table, le mieux encore c'est d'être un couvert !

Après l'orage

Les idées toutes faites, déjà, faut les faire !

L'Oubli

Le sida, ça finira par se soigner, alors que les mauvaises notes à l'école...

La Bonne Action

Un bouddhiste, vous lui faites du riz, il est content.

La Baleine bleue

Le fœtus, c'est un grumeau des gènes.

Les Ombrages

Dans l'espace, tu ne peux pas freiner, t'as pas de pneus.

L'Oracle

C'est pas des racines qu'il faut donner aux jeunes des banlieues, c'est un joli pot.

La Marie-Jeanne

Le clavecin, c'est du piano sans les couilles, à cause de la petite voix.

À l'Ouest

Les paysans qui ont des super machines, des ordinateurs, ils ne peuvent plus avoir les oreilles décollées comme avant...

Le Bac

Un patron de bar doit être poli mais ferme, et un client malpoli et mou.

L'Oiseau posé

Les dames qui travaillent dans les bureaux, on pourrait leur mettre des œufs à couver.

L'Arbre de vie

L'avenir, y'en a pas assez pour tout le monde et le passé, y'en a trop !

Le Centre-ville

Le Tour de France, c'est joli à regarder, ça traverse les petits villages ; les 24 heures du Mans, ça traverse même pas Le Mans !

Au Vin doux

Il ne faut pas prendre l'air qu'on a dans l'estomac pour souffler dans le ballon parce que c'est là qu'on a la bière...

Les Bons Voisins

Le Tour de France, c'est plus du paysage que du sport.

Bar des visiteurs

La mondialisation, il ne faudrait pas non plus que ça soit qu'en France !

Whisky Bar

Pour gagner le Tour de France, il faut penser comme le vélo.

Les Yeux noirs

Un microbe qu'on voit à l'œil nu, c'est le gui sur les arbres.

Les Voyageurs

Quand tu as des copains, l'organe du sentiment c'est plus le foie que le cœur.

Le Zouave

Quand tu pètes dans une chambre, ça prend tout l'oxygène des fleurs.

Les Zozos

Lady Di est morte fin août, le signe de sa mort, c'est Lion.

Le Vin pur

Quand tu es mort, c'est même pas la peine de faire de la rééducation pour revenir !

Vodka Café

Sœur Teresa, c'était une sainte en Inde, mais les vaches aussi.

L'Univers carré

Un chauffeur professionnel qui ne sait pas conduire bourré n'est pas un professionnel.

L'Utopie

L'archéologie, elle peut dire merci à l'Égypte !

Les Vagabonds

On n'est pas plus cons
que l'opinion publique !

La Vache bleue

La musique classique, une fois que
c'est fait, c'est fait.

La Victoire

L'espace, c'est infini, y'en aurait
moins, ça serait pareil.

Les Grandes Vacances

Ça veut rien dire « hors-d'œuvre » !

La Révolution

Les cactus ont des piquants
pour se défendre contre ceux qui
aiment pas se piquer.

Les Beaux Rêves

J'ai déjà tout réglé pour mon enterrement, comme ça si je meurs, c'est moi qui m'enterre.

La Réussite

La pollution il en faut, ça prouve qu'il y a du boulot.

Le Retour

Avec une bonne mémoire, on oublie tout ce qui fait chier.

Les Rois mages

Des gosses de pauvres, tout le monde en a.

Les Roseaux

À l'hôpital, vous n'avez pas de microbes dans les couloirs, les microbes restent dans les chambres.

La Façade fleurie

Avec les chiens de traîneau, vous avez les puces de traîneau...

Les Facteurs

En superficie, le paradis est plus grand que l'enfer parce que dans l'enfer, on nous tasse...

Le Rocking-chair

Elles ont du mérite les femmes parce que nous, on nous met un enfant dans le ventre, on le digère !

Le Rembrandt

Les défilés de mode maintenant, c'est pas des femmes, c'est des bas-reliefs !

La Quarantaine

L'œuf au plat réussi, on se regarde dedans, comme Narcisse !

La Renommée

Van Gogh aurait moins picolé,
il serait peut-être encore vivant.

Réponse à tout

Sans la tête on vivrait mieux,
on serait moins malheureux.

La Cantinière

Le feu de bois, il faut regarder ça
comme un documentaire

Le Rébus

Vu le nombre de morts par rapport
aux vivants, ça serait à eux de nous
offrir des fleurs !

L'Impair

Les chats aiment les cimetières parce
que c'est plein de vieux.

La Cacahouète

Les curés ont fait construire des églises partout sinon on aurait quoi dans les petits villages, des panneaux de basket ?

La Rencontre

La révolution d'Octobre, c'est un drôle de mois pour faire une révolution...

La Piste

Un pied sculpté, même le plus grand sculpteur recompte les doigts.

Le Billard

Pour faire des septuplés, faut du sperme qui s'entend bien entre eux.

La Rentrée

Un pédé, c'est encore plus chiant qu'une bonne femme !

Les Résistants

Quand on voit l'état de la chambre des jeunes, c'est pas la peine de leur léguer une terre propre !

La Glace sans tain

Le Christ sans sa coiffure de d'habitude ressemble à n'importe qui...

Le Bar d'avant

Le ski de descente, où est l'exploit ?

Le Bon Repos

Mars, de toute façon, ça sera trop dur à chauffer...

La Mouscaille

Le bracelet prison, bientôt ils leur mettront des boucles d'oreilles !

Chez Piotr

L'Égypte, elle est aussi bien au Louvre que là-bas !

La Cantine

Quand vous voyez un trio tzigane, vous pouvez être sûr qu'il y en a un quatrième pas loin qui attend dans une voiture...

Le Courant d'air

Ils mangent les insectes grillés alors que nous on a le beurre d'escargot.

Les Vivants

Le soleil fait rien, puisque c'est nous qu'on tourne.

Le Raspoutine

C'est plus facile de faire des gosses que leur trouver des cadeaux !

L'Ablette

Les bébés préhistoriques, ils disaient les mêmes choses que les bébés de maintenant...

Le Jeu de quilles

Le couloir de la mort, ils l'ont mis en carrelage.

Le Renom

Le portable, il faut l'avoir à la ceinture, parce que si vous l'avez dans le panier des courses, ça vous fait les poireaux qui sonnent.

Café républicain

Le transport de l'information, déjà avant, on avait le chien qui porte le journal.

Bar la Rencontre

Souvent, le geste qui sauve,
c'est le pied au cul.

Café le Remède

C'est pas donné à tout le monde
de boire.

La Recrue

Le chirurgien esthétique peut voler
de la jolie peau sur les autres
femmes pour la poser sur la sienne.

La Recette

Les gens mangent pas de cheval
parce qu'on peut monter dessus.

Le Rébus

Rien qu'en se frottant les ailes, c'est
les cigales qui mettent le feu.

Dragon Bar

Le dos, on ne le voit que pendant la vaisselle...

La Boussole

La viande la plus chère, c'est le footballeur !

Les Brigadiers

Les billets étrangers, il faut les montrer au pharmacien.

Le Brouillon

Le labrador, c'est le plus beau chien, on voit bien la forme.

L'Anisette

Une famille normale, ça tient dans une cuisine.

Le Coin du feu

Les pédés, c'est pas eux, c'est une glande.

Le Bon en contre

Un fruit mi-homme mi-femme, c'est la tomate.

Cézigue

Pour moi le plus grand couturier c'est celui qui a inventé le slip et les chaussettes.

Mes Aïeux

Pour les jeunes, le seul légume qui existe, c'est la pizza.

Le Commis voyageur

Un homme qui bat sa femme, c'est le pot de fer contre le pot de fleurs.

Les Aiguilles

Je donnerai mon sang quand ils offriront le plein d'essence !

La Plume au vent

Il ne faut pas être normal pour être gynécologue !

Le Fifty-Fifty

Ce qui manque à la France, c'est un ambassadeur comme Mickey.

Happy Hours

Pour avoir un ovni qui se pose, il faut un jardin.

Le Chapeau à plumes

À la naissance le nain est normal, c'est en grandissant qu'il rapetisse

Le Bout de la langue

Le pigeon, il a un gésier à la place de l'hôtesse.

Le Vent dans les voiles

Un impôt sur la connerie, moi de toute façon je paierai pas !

Le Point du jour

L'applaudissement, ça vient de l'otarie.

Le Poisson rouge

Les chefs-d'œuvre de la littérature, plus le temps passe et plus ce sont encore les mêmes.

Camélia Bar

***La Joconde*, un ver à bois et ça sonne au commissariat.**

Le Polisson

Le nez, c'est de profil qu'il est.

Chez Pierre qui roule

Le mariage des pédés, ça va obliger le pâtissier à poser des pédés sur le gâteau !

La Formule

Souvent, quand c'est drôle, c'est des conneries.

Au Jeu de dames

Un vieux monsieur dans un bistrot
ça veut dire un vieux bistrot
dans un monsieur.

L'Ordinaire

Quelqu'un qui attend un rein, on sait pas quoi lui offrir.

Café Inn

Les femmes ont de la chance, elles ont le cœur qui bat dans le nichon...

Garden Bar

Des pédés, t'en as chez les animaux, mais pas chez les légumes.

Chez Régis

On a un reste d'ouïes de poisson dans le nez, et c'est pour ça qu'on ronfle.

L'Embellie

À la morgue, que des alcooliques ; il y a autant de rosé au frais que de morts...

Le Marlow

Le voile islamique est fait pour cacher la féminité, comme le rideau de douche.

Le Débarcadère

On attrape le sida en boîte de nuit, alors que la tuberculose, il fallait un travail !

La Douane

En Mai 68, les seuls fils d'ouvriers qu'on voyait dans les rues, c'était les CRS !

L'Alpage

Le père d'un côté, la mère de l'autre ; avec les parents séparés, le gamin c'est un cornichon qui tombe du sandwich !

Marée basse

La maladie et la mort sont les inconvénients du direct !

Le Rustica

À une certaine époque, on faisait rentrer un jeune à la maison rien qu'avec un clafoutis !

Le Podium

C'est à la cantine qu'on voit vraiment les comportements...

Micro Bar

Tant qu'elle n'est pas ouverte, l'huître ne sait pas qu'elle est dans une cuisine avec des gens qui la regardent.

Le Jekyll

Il ne faut rien acheter quand c'est fabriqué par des enfants du tiers-monde, ça se casse tout de suite...

Le Fer rouge

Les femmes en prison pensent tout le temps aux autres femmes qui font les courses.

La Godille

Les hooligans font autant de mal à l'alcoolisme qu'au sport.

Bali Bar

Aux États-Unis, les condamnés à mort veulent toujours manger un gros bifteck parce que c'est eux qui ont la meilleure viande.

Le Tremplin

Il faut mourir pour laisser la place aux autres mais franchement, il y a des quartiers où on ne se marche pas dessus !

Les Skieurs

Au café, c'est pas la bouche qui boit, c'est la main !

Bar des patineurs

Les pédés, ça se voit, alors que les hétéros, ça ne se voit pas ce qu'ils sont.

Le Longchamp

Les sept péchés capitaux, vous pouvez rajouter comment on se gare !

Le Papagayo

Le vide-ordures dans la cuisine aura évité plus de viols que la police.

Le Tison

Le Salon du livre c'est comme le Salon de l'agriculture, tout le monde repart pas avec une vache !

Domino Bar

Dans les films, souvent le mieux c'est les extraits.

Le Courrier

La reine d'Angleterre, en France, elle ne serait même pas ministre !

Liberty Café

C'est pas dans les monastères tibétains qu'ils feront de la Bénédictine !

Le Kafé

La musique classique, c'est une sorte de latin.

La Croisière

Pendant une époque, la quiche lorraine était une recette allemande.

Le Brummel's

On n'est jamais fixé sur l'heure avec le temps qui passe.

Le Pré

Un stradivarius, tu pleures, surtout si tu t'assois dessus !

Le Sweet Café

Dès que le docteur voit la tête du bébé qui sort, les parents changent de régime fiscal.

Le Yéti

Les affamés sont comme nous, dès qu'on les nourrit, ils bouffent trop.

Le Pic

Même en achetant des choses sur Internet, on aura toujours besoin d'un con qui livre...

L'Igloo

Une puce apprivoisée, elle te pique et après elle regrette.

Le Christiania

Le cerveau se forme pendant l'enfance, et tout le reste du temps, il se déforme.

L'Esprit relax

On ne peut pas faire mieux que du foie gras avec un foie !

L'Altitude 302

La poésie, c'est pas la peine d'être vrai.

Café du passage

Avec le Viagra, c'est fini la bite cyclothymique !

Family Bar

La langoustine, au microscope, on ne la mangerait pas, on chercherait un vaccin !

Bar Chez vous

Ce qui manque pour bien réfléchir. c'est un guide pratique.

Le Couac

En 1234, il n'y avait pas le tiercé, sinon ils auraient joué la date.

Chez Toni

Les peintures de Lascaux, on trouve ça génial, mais si ça se trouve à l'époque personne en voulait chez soi !

Le Chemin de fer

C'est dans le ventre de la mère qu'on apprend à glander devant la télé...

Le Mirliflore

La forme de l'eau, on la sait quand ça gèle.

L'Apollo

Le trou du cul est le nombril qui nous relie au père !

La Clarine

L'œuf, il est sa propre casserole.

Le Chante coq

Les femmes voilées, c'est pas pire que les Alsaciennes !

L'Alsacienne

Le sandwich aux trois viandes, c'est la fosse commune du sandwich.

Le Duo

On ne trouve pas du théâtre de boulevard dans les petites rues...

Le Mylord

Notre corps est une prison mais il ne faut pas trop se plaindre, on n'est qu'un par cellule !

L'Avalanche

Après dix mille ans les momies sont intactes, alors que nous, après un mois, il faut jeter les yaourts !

Café des places

Toutes les abeilles ont du diabète.

Le Gourbi

L'enfance de l'art, ça va jusqu'à quel âge ?

Couleur Café

Les seuls vieux qui profitent de la vignette, c'est ceux qu'on écrase en moto.

Comedy Café

Shakespeare, quand y'en a plus, y'en a encore !

Le Crescendo

L'Europe, c'est pas grand-chose, ils l'ont mise à Strasbourg.

Bar la Grange

La médecine fait des bonds, mais les malades restent toujours au lit !

Aux Camionneurs

C'en est plein des flamants roses dans les canadairs !

L'Exil

On pleure dans le désert, le lendemain, il y a une herbe...

Le Boléro

L'alcoolique qui chante « La Madelon, viens nous servir à boire », c'est un alcoolique bidon !

L'Épicerie

À la radio, ils sont plus moches, mais ils sont plus intelligents.

La Mezzanine

Ça fait moins alcoolique d'aller au bistrot avec une casquette parce que ça fait tradition...

L'Alchimiste

Si on ne lui met rien dans l'ordinateur, il ne sait rien, c'est un gosse.

Bar de l'élastique

La sieste, c'est le parachute ventral pour celui qui a mal dormi.

L'Excalibur

On ne peut pas mettre douze œufs dans le désordre.

Café le Troc

Ce qui fait le plus joli sur les tombes, c'est les photos de mariage.

La Chamade

Un noyé, à incinérer, c'est pas de la tarte !

La Bodega

Les billets s'abîment vite, mais les pièces c'est toute une vie.

La Taverne du port

Avec l'aïoli, ce qui se boit le mieux c'est l'eau de Cologne à la lavande.

L'Apostrophe

Pour un nain, c'est facile de passer l'aspirateur dans la voiture

Le Bambou

Les jours d'éclipse, on prend deux petits déjeuners !

Le Baudelaire

La Lune nous appartient alors que le Soleil appartient au système.

Le Bilitis

Pendant l'éclipse, la Lune passe devant le Soleil, c'est exceptionnel, d'habitude elle passe derrière.

Le Cocorico

Il a changé de vie, il est mort..

Le Cottage

Une église dans chaque village pour être vus par tout le monde, ils avaient compris ça les curés, bien avant McDo !

Le Forgeron

Il n'y a pas de femme astronome, la femme est plus terrestre...

Le Petit Pot

C'était déjà l'égérie de Prévert, le vin rouge...

Le Shadock

L'ennui, la chirurgie ne peut pas vous l'enlever.

Le Zébu

Les Indiens, il n'y en a plus, et ça ne manque pas tellement.

La Sangria

Avec le cerveau reptilien, tu peux faire un sac...

Bar d'à côté

Le plus petit symbole, c'est la coquillette.

Le Ballon Bar

La Lune est devenue un pays comme les autres...

Café du champ de foire

Il y a des régions où toutes les maisons ont du vin en dessous.

Le Petit Gars

Pour l'agilité des doigts, il faut manger du crabe ou jouer du piano.

Bar du camping

Si t'es otage des islamistes, c'est même pas la peine de faire ta prière, c'est encore pire !

Le Tétra

Il faudra attendre le vingt-deuxième siècle pour oublier le vingtième, c'est au vingtième qu'on a oublié le dix-huitième.

Les Tanneurs

C'est la Bretagne qui donne une forme à la France, sinon...

Le Gold

Les grands pieds, ça va à personne

Le Lagon

Je ne sais pas comment ils ont encore faim les dentistes !

Les Trois Bagnoles

L'impôt sur le revenu est le plus injuste, c'est ceux qui bossent qui payent !

Le Bourguignon

Si les gens sortent au théâtre, c'est pour aller au restaurant après !

Le Demi panach

Dieu est plus loin que Jésus en distance de la terre...

Le Mélange Bar

Duras, elle avait l'alzheimer, n'empêche qu'elle savait très bien où étaient rangées les bouteilles !

La Bouteille à moitié vide

Un chasseur qui est bourré, c'est doublement une culture du terroir.

Le Ver de vase

Il n'y a pas de cerveau dans le crabe, quand on en mange, on n'en voit pas.

Le Double Décimètre

L'alcool ne brouille pas la métaphysique.

L'Alternatif Bar

Même à l'ère des sous-marins atomiques, c'est la musique au tambour qui fait le plus militaire...

Les Échecs

L'Arc de Triomphe, on ne sait pas de quel triomphe il s'agit...

Les Volets clos

L'escargot, si il a fait une connerie dans sa coquille, il peut pas aller habiter ailleurs.

La Valoche

Les nuages écoutent la météo, et ils font le contraire !

Les Mules

Le one-man-show qui a le moins de succès, c'est prof de maths !

Le Noble Vache

À la morgue on nous met dans des tiroirs, on finit tous bureaucrates !

Chez Ma pomme

Le vin blanc le matin, c'est la vieille garde.

Chez Tatin

Printemps, été, automne, hiver, printemps, été, c'est la fuite en avant...

Sur la Lune

Les dictionnaires se copient les uns les autres, c'est les mêmes mots.

À l'aise Bar

Avant l'invention du calendrier, les éboueurs passaient n'importe quand pour les étrennes !

Les Géographes

C'est pas la peine d'aller chercher des escargots sur Mars, ils seront pas meilleurs.

Les Huit Heures

Entre le rêve et la réalité, vous avez juste la table avec le réveil.

Le Vent de panique

La Chine, c'est fini, ils se font mettre des yeux comme nous !

Pupuce Bar

Un piano, c'est d'abord un meuble, et après c'est un instrument.

Chez Globule

Les absents ont toujours raison maintenant !

Pistache

Le cordon ombilical, c'est déjà presque un téléphone.

Le Vague à l'âme

Les chocolats fourrés, on reste la main en l'air à regarder, c'est le système du suspense.

Le Sans parler

Quand on fait du théâtre, c'est le soir qu'on parle.

Le Gousset

On peut pas offrir des fantômes, ça fait pas des jolis paquets.

Le Plongeon

Les fleurs de tournesol suivent le soleil, la nuit, elles suivent les phares.

Le Pousse-pousse

Ils ont préféré inventer le vélo tout-terrain qu'enlever les cailloux !

Le Décentré

Le centaure, il est moitié homme, moitié bifteck de cheval !

Fada Bar

Le Christ sur la croix,
on dirait une bouteille d'alsace...

Le silence est d'or

Avec le système de la saison des pluies, on sait quand il va pleuvoir...

Le Chevalier blanc

Tous les milliards que rapporte l'alcool, en travaillant, on ne rapportera pas plus !

Bar du patrimoine

Chez les morts-vivants, tu en as qui continuent à chercher du travail...

Au Premier Secrétaire

On ne peut rien contre les avalanches, à part aller à la mer.

Le Troisième Homme

Les abeilles doivent sentir bon sous les pattes...

L'Arpète

Celui qui lave les pieds du pape, c'est son préféré.

Plus qu'hier

Y'a moins de couleurs dans un arc-en-ciel que dans une boîte de feutres !

Connexion Bar

Quand tu es vieux, tu as la bite froide comme un serpent.

Mille Ans Café

Les animaux qui jouent plus dans les films finissent dans des fermes à la campagne, alors que les vieux comédiens à la retraite, on les laisse crever en banlieue !

Plus haut que le bord

Jésus, on a pas retrouvé les os, alors que même les moules on retrouve les coquilles !

Le Longue Vie

Les gens qui travaillent dans des serres sont vieux plus vite.

Le Filtre

Pour les Américains, Hiroshima, c'était la cerise sur le gâteau !

Le Postillon

Le seul vrai doigt, c'est le pouce, les autres, c'est les cartilages des anciennes nageoires.

Le Vieux Fiacre

La bicyclette avec les sacoches c'est plus la petite reine, c'est la grosse mémère !

Le Bon Piège

Dans les cimetières, on pourrait mettre la même musique que dans les grands magasins !

Chez Plus

Derrière la voiture, la caravane, c'est le wagon-bar.

La Péninsule

Du Maupassant, du Gide, du Proust, on dirait de la viande pour pot-au-feu !

Le Ferry

Le pape connaît quatre cents langues, mais c'est toujours les mêmes mots.

Les Tirs au but

Un film français, un film pas français, du moment que le cinéma est à côté...

Au Ballon ovale

La moitié du dictionnaire, c'est des mots pour les vieux.

Le Tournoi des Six

Dans les meutes de loups, il y a un loup qui est le maire.

Coup franc Café

Quand la neige tombe en biais, ça fait des bonshommes de Pise.

Les Trois Obus

Le nez dans le verre, le nez dehors,
le nez dans le verre, le nez dehors,
le nez c'est un dauphin !

Virgile

Le calmar, ça va de petit à géant,
il y a toutes les tailles,
comme la tour Eiffel.

Touch Touch

Heureusement que les cheminées
prennent pas la forme des fumées !

La Troisième Mi-temps

Il faudrait un distributeur d'apéros
dans le mur, quand le café ferme,
comme pour les banques !

L'Arc de Triomphe

La musique est une langue
universelle, on peut faire chier la
terre entière en jouant mal !

L'Arcole

Le RMI, c'est pas beaucoup, en une semaine c'est bu.

La Passion

Ceux qui ont la moustache aiment bien les jeux de mots...

Bien Bar

Rome, c'est Paris, en pas pareil.

Le Gentilly

Tous les Indiens ont été tués pour leurs plumes...

La Mascarade

Le cafard n'est pas déductible des impôts !

L'Anniversaire

On a fait disparaître des forêts entières mais la tomate est encore là !

Les Pécores

On parle sans savoir, mais de toute façon, on y connaît rien...

Les Royaumes unis

Van Gogh, il était peut-être fou, mais quand on voit le tableau de sa chambre, il faisait son lit !

Les Coupes

La pluie, quand elle est en bande, c'est rien que de la flotte !

Bar Taban

Il suffirait de ranger les clefs dans le cul du chien pour pas les perdre !

Café Vanille

Plus on grandit, et plus on a les yeux qui montent.

Le Rat des villes

La France n'a pas voulu torcher les gosses, eh bien voilà, elle va torcher les vieux !

Le Croque

Deux mille ans que Jésus n'est pas revenu, ça commence à être louche...

Le Midi pile

L'hormone de croissance, avant, c'était la soupe.

Café Valse

Quand on voit ce que consomment les voitures, c'est pas un exemple pour les chauffeurs !

Le Bar Bichu

Je suis mon seul objet personnel, sinon j'ai rien...

Café Licité

Le coupe-papier, le dimanche, il est bien content de couper du saucisson !

Avec vous

Avec la pluie, les odeurs tombent par terre.

Le Pluriel des mots

Quand on marche à reculons, on doit savoir où on va...

L'Octave

On naîtrait par le haut, ça serait quand même plus propre !

L'Angevin

Jésus est le fils de Dieu, mais c'est qui le grand-père ?

Les Grandes Manœuvres

Il n'y a pas plus salissant qu'une gomme...

Le Bout-rimé

Enceinte de cinq enfants, la mère, c'est un petit bus !

Le Poisson-chat

C'est le chômage qu'on devrait apprendre à l'école...

Au tout vu

Il ne faut pas boire du café avant d'être hypnotisé.

Les Référendums

Faire des gosses, c'est le pire trafic d'organes que je connaisse !

Les Marioles

Ils veulent qu'on trie nos déchets, comme si on était des bêtes...

L'Attachant

Un escargot cannibale doit pas manger tous les jours !

Au Bon Pourboire

Après le quatrième enfant, on devrait avoir le droit d'accoucher d'autre chose...

Au Six-Huit

Hiroshima, cinquante ans après, tout est reconstruit, on pourrait presque remettre une bombe si on voulait...

Le Voltaire

Sur une île déserte, moi, j'amène du monde...

L'Astragale

Tout le temps qu'elle est fermée, l'huître, elle dort.

Les Ronds de fumée

La sécheresse, par rapport à l'inondation, ça reste dehors !

Le Ciné-club

Dans un parc à huîtres, une moule elle entre pas !

Café Vasion

Les Beatles, c'est une musique, mais c'était aussi une coiffure.

La Mégote

Picasso, c'est un peintre qui aimait pas la campagne...

Le Sénéchal

Enceinte à treize ans, il faudra acheter les mêmes jouets à la mère et au gosse !

L'Acidulé

J'habite chez moi, c'est comme si je suis logé chez l'habitant !

Belle de nuit

Les fax ont la même lumière verte que les vers luisants.

La Bonne Aubaine

Pendant la construction de Notre-Dame, le curé attendait...

Café Pagaille

Il faut avoir rien dans les bras pour penser à inventer le coupe-papier !

La Scoumoune

Quand tu opères le cerveau, le pire, c'est de s'énerver...

La Revue de presse

Les kilos qu'on perd, il faudrait pouvoir les offrir !

Le Hublot

Les chants corses, c'était pour donner des nouvelles des vaches.

L'Antidote

Tous les mots descendent du même mot, comme Adam et Ève.

La Trajectoire

On ne peut pas expliquer le goût des bulots...

Sur la route

La voiture du siècle, c'est le train !

Le Biniou

Les îles, c'est pas des îles, au fond de l'eau, ça touche.

La Pattemouille

Tout les épate, les intellos !

Les Buvards

Avec le cinéma en couleurs, tout de suite, ils ont mis du sang partout !

L'Après-demain

La musique classique, c'est rien que de la vieille musique moderne...

La Bastide

On ferme !

Le Salamalec

Deux mille ans que ça dure que les cafés y ferment !

L'Aventure

À quand l'abolition de la fermeture ?

Et le café ferme. La porte se ferme. Le client se ferme. Il referme sa veste sur sa poitrine, un peu comme s'il refermait son propre corps. Il se remet en lui après une escapade. Se réenferme. Les derniers accrochés se décrochent et s'en vont. On voit leur dos, qui s'éloigne. Ils tanguent. Après tous ces verres bus. Après tous ces mots dits. On le croirait, pour rien. Un coup d'épée dans le vin ! Tout ce qui se dit, on pourrait dire le contraire, pas vrai ? Et le lendemain, d'ailleurs, nouveau jour, nouvel avis, quand l'accoudé s'est bien reposé ! Nouvelle rosée de pensée scintillante sur une cervelle bien fraîche ! Et après tout, pourquoi pas. Tout le monde fait ça, un jour ceci, l'autre jour cela... La terre tourne et chamboule tout, le grand jeu de quilles ! Alors, causer pour passer le temps ? Tuer le temps ? Ne pas être seul, jamais, dans les heures froides. Dans la vie froide. À l'abri, au chaud, planqués, loin du monde, dans le creuset humide des verres et des mots. Une manière de résister au flux. Plantés là, à l'écart de la vérité de la vie, et pris dans sa transposition poétique et idiote, dans sa peinture. Dans la naïveté du tracé. Dans la poésie des mensonges et l'incroyable douceur de la rigolade. Planqués dans cet angle mort de la cité. Se barbouiller de paroles, comme les gosses, de confiture. Ferrailler dans un désert de mauvaise foi ! Se perdre, entre deux cris. Et ne plus rien comprendre parfois à ce que l'on dit ! Qui parle ? Où se forment les mots que l'accoudé balance, si sûr de lui ! Visiblement surpris par sa propre sortie. Quel est celui qui parle à l'intérieur du buveur qui résonne ? La terre est bleue comme une orange ! Magnifique Brève de Paul Eluard ! Colonie de Bréveurs plongés tout debout dans l'affection. Au rendez-vous des tristes qui veulent être heureux ! On est pas bien, là ? Bienheureux, même quand on est malheureux comme les pierres. En vrai. Comme au théâtre ! Spectacle d'autant plus vivant et attachant que l'alcool accélère et décompose. Représentation miraculeuse, pour peu qu'on parle haut. La vie est tellement haute, vue d'en bas. Qu'on jette le verbe loin ! Par-dessus les silencieux ! Les à jeun ! Les puceaux ! Jusqu'à l'étagère, là-haut, dans les bouteilles de liqueur sucrée qu'on ne boira jamais. On est tous des mélancoliques. Accoudés. Les uns contre les autres. Les verres vidés remplissent les mots. Minuscules refuges de montagne faits de sons chauds contre le gel. Maisons construites en quelques gorgées.

Juste le temps de dire, et l'ombre de la maison en mots s'élève sur le groupe des hommes et sur le chien ! On voit même la fumée sur le toit ! Ça sent le chaud. Tout est là. Chaud ! Les mots coulent. Roulent. Brûlent. Les phrases se cassent. Magnifique littérature populaire éparpillée en mille brisures, comme du pyrex !

... à la Marine, au Rond-point, au Sans-souci, au Béarn, à la Fiesta, à l'Hippodrome, au Baromètre, à la Palette, au Bar du port...

Jean-Marie Gourio

Cet ouvrage a été composé et mis en pages
par ÉTIANNE COMPOSITION
à Montrouge.

Cet ouvrage a été imprimé en France par

CPI
Bussière

à Saint-Amand-Montrond (Cher)
en octobre 2008

POCKET - 12, avenue d'Italie - 75627 Paris Cedex 13

— N° d'imp. : 81455. —
Dépôt légal : novembre 2008.